1000 French Verbs in Context

A Self-Study Guide for French Language Learners

Table of Contents

Introduction 1
1269 French verbs in context 5
Index 413
Extra FREE Bonus material: 100 most used French words 541

Love, Hope, Joy

Joy & Pain
together!

Jesus was in pain
But was Joyous.
Your sorrow will be Joy

When a woman gives birth
She has pain — Contractions
cause pain. But when
the delivers baby she
rejoices
Pain & sorrow of Christ Crucifixion
But
will be Joy cos of Resurrection

Buy fresh carrots

Introduction

I want to thank you and congratulate you for downloading the book, *"1000 French Verbs in Context: A Self-Study Guide for French Language Learners"*.

Firstly thank you for downloading, 1000 French Verbs in Context. I have put together a comprehensive list of the 1000 most used verbs in French with French and English sentences.

Learning a language really takes time and effort. Don't be fooled. Ongoing dedication really will get you through.

You can use this list to build up your knowledge of French verbs. It is a comprehensive list fully illustrated with examples of the verb in English and French to give you a good idea of how to use the verb.

How to use this book

The list here is long. Is it too long? No. However you need to know how to use it properly to maximise your learning.

I recommend setting yourself achievable targets to make sure you stay on track with your learning. You could aim to learn ten verbs (or less if you wish) a day. Five in the morning and five for the afternoon with the evening to check you remember them all. That may sound a lot to learn but consider all the times you have free when you could quickly learn a new verb. For example on the bus, waiting for the bus, on the toilet (when there are very few distractions!), during your lunch break, when you wake up in bed, when eating your breakfast, just before you shower (to practise in the shower), when you are waiting for someone... the list goes on and so do your opportunities to learn.

So don't be overwhelmed by learning a new language. Set yourself small daily goals and time will fly. Before you know it you will find yourself with an extensive vocabulary.

Finally I want to say that I will hopefully add to the book so check for updates. If there's good demand and feedback I will offer more.

Good luck!

Alex Forero

© Copyright 2015 by Alex Forero - All rights reserved.

This document is geared towards providing exact and reliable information in regards to the topic and issue covered. The publication is sold with the idea that the publisher is not required to render accounting, officially permitted, or otherwise, qualified services. If advice is necessary, legal or professional, a practiced individual in the profession should be ordered.

- From a Declaration of Principles which was accepted and approved equally by a Committee of the American Bar Association and a Committee of Publishers and Associations.

In no way is it legal to reproduce, duplicate, or transmit any part of this document in either electronic means or in printed format. Recording of this publication is strictly prohibited and any storage of this document is not allowed unless with written permission from the publisher. All rights reserved.

The information provided herein is stated to be truthful and consistent, in that any liability, in terms of inattention or otherwise, by any usage or abuse of any policies, processes, or directions contained within is the solitary and utter responsibility of the recipient reader. Under no circumstances will any legal responsibility or blame be held against the publisher for any reparation, damages, or monetary loss due to the information herein, either directly or indirectly.

Respective authors own all copyrights not held by the publisher.

The information herein is offered for informational purposes solely, and is universal as so. The presentation of the information is without contract or any type of guarantee assurance.

The trademarks that are used are without any consent, and the publication of the trademark is without permission or backing by the trademark owner. All trademarks and brands within this book are for clarifying purposes only and are the owned by the owners themselves, not affiliated with this document.

1269 French verbs in context

abaisser
to lower

Tu ferais mieux **d'abaisser** ta voix, nous pouvons t'entendre d'ici.

You would do well **to lower** your voice, we can hear you from here.

abandonner
to abandon

Nous **abandonnons** notre ancienne maison parce qu'elle va s'écrouler.

We **abandon** our old house because it is going to collapse.

abasourdir
to daze, bewilder

Il **abasourdit** toujours les spectateurs avec ses tours de magie.

He always **dazes / bewilders** the onlookers with his magic tricks.

abattre
to knock down

La foule en colère **abattit** la statue du président.

The angry mob **knocked down** the president's statue.

abîmer
to ruin

Les enfants **abîmèrent** leurs jouets en les faisant tomber.

The children **ruined** their toys by letting them fall.

abolir
to abolish

Tout le monde se rappelle des personnes qui **abolirent** l'esclavage.

Everyone remembers the people who **abolished** slavery.

abonner
to subscribe

Abonnez-vous à cette chaîne pour plus d'épisodes.

Subscribe to this channel for more episodes.

aborder
to approach

Il **abordait** les gens dans la rue sans la moindre politesse.

He **approached** people on the streets without any politeness.

aboutir
to succeed, end up

Les experiences **aboutirent** finalement sur un vaccin contre le paludisme.

The experiments finally **succeeded / ended up** with a vaccine against malaria.

aboyer

to bark

Les chiens **aboient** souvent quand ils se sentent menacés.

Dogs tend **to bark** when they are feeling threatened.

abréger
to shorten, abridge

Il **abrège** toujours les séances du samedi.

He always **shortens / abridges** the sessions of Saturday.

abriter
to shelter

Elle **s'abrita** de la pluie dans une maison abandonnée.

She **sheltered** from the rain in an abandoned house.

abroger
to repeal

Le ministre **abrogea** la nouvelle loi de l'immigration.

The minister **repealed** the new bill on immigration.

absenter (s')
leave, be absent

Le jury **s'absentera** pour prendre une décision.

The jury will **leave / be absent** to reach a decision.

absorber
to absorb

Le sol **absorbe** la chaleur pendant la journée.

The ground **absorbs** the heat during the day.

absoudre
to absolve

Il **absoudrait** seulement ceux qui étaient sincères.

He would only **absolve** those who were sincere.

abstenir (s')
to abstain

Tu **t'abstiens** toujours de faire quelque chose de regrettable.

You always **abstain** from doing anything you might regret.

abuser
to abuse

Ils **abusaient** du traitement contre les maux de tête.

They **abused** the treatment against headaches.

accabler
to overwhelm

Les preuves trouvées par la police **accablaient** le suspect.

The evidence found by the police **overwhelmed** the suspect.

accéder
to reach, attain

En tournant à droite, ils **accédèrent** à la rue principale.

By turning right, they **reached / attained** the main street.

accélérer
to accelerate

Le nouveau catalyseur **accélère** les réactions chimiques.

The new catalyst **accelerates** the chemical reactions.

accentuer
to accentuate

La robe bleue **accentue** la couleur de ses yeux.

The blue dress **accentuates** the colour of her eyes.

accepter
to accept

Acceptez-vous les termes du contrat ?

Do you **accept** the terms of the contract?

acclamer
to cheer, acclaim

Ta foule **acclaima** l'athlète pendant cinq minutes.

The crowd **cheered / acclaimed** the athlete during five minutes.

accommoder
to adapt

En **accommodant** les nouveaux meubles au salon, il a fait le bon choix.

By **adapting** the new furniture to the living-room, he made the right choice.

accompagner
to accompany

Il **accompagne** encore sa soeur à l'école.

He still **accompanies** his sister to school.

accomplir
to accomplish

Il **accomplira** la mission quoi qu'il arrive.

He will **accomplish** the mission no matter what.

accorder
to allow

Je vous **accorde** des congés payés.

I **allow** you to have paid holidays.

accoucher
to give birth

Elle **accouchera** de jumeaux dans les prochaines semaines.

She will **give birth** to twins during the next weeks.

accourir
to hurry

Ils **accourirent** pour aider après avoir entendu un cri.

They **hurried** to help after hearing a scream.

accoutumer
to accustom

Ils **s'accoutumeront** aux nouvelles conditions de travail.

They will **accustom** to the new life conditions.

accrocher
to hang (up)

Elle **accroche** parfois ses vêtements au balcon.

She sometimes **hangs** her clothes to the balcony.

accroître
to increase

Le niveau d'oxygène **accroît** progressivement.

The oxygen level **increases** progressively.

accueillir
to welcome

Ils **accueillent** tout le monde avec la même gentillesse.

They **welcome** everyone with the same kindness.

acculturer
to acculturate

Grandir à l'étranger **acculturera** la nouvelle generation.

Growing up abroad will **acculturate** the new generation.

accumuler
to accumulate

Il **accumule** les richesses, mais n'en dépense jamais.

He **accumulates** riches, but never spends any.

accuser
to accuse

Son frère nous **accuse** d'avoir volé la bague.

His brother **accuses** us of stealing the ring.

acheminer
to forward, transport

Les avions **acheminent** les courriers prioritaires.

The planes **forward / transport** the priority mail.

acheter
to buy

Ils **achètent** uniquement les chevaux blancs.

They only **buy** white horses.

achever
to finish

Ils **achèvent** demain la construction de la tour.

They will **finish** the construction of the tower tomorrow.

acquérir
to acquire

Ils ont **acquis** l'expérience nécessaire.

They **acquired** the necessary experience.

actualiser
to update, refresh

Actualisez les données pour avoir des statistiques plus précises.

Update / Refresh the data in order to have more precise statistics.

adapter
to adapt

Ils **adaptent** le nouveau matériel aux conditions climatiques.

They **adapt** the new hardware to climatic conditions.

adhérer
to adhere

Le caoutchouc de bonne qualité **adhère** à la route.

Good quality rubber **adheres** to the road.

adjoindre
to appoint

Ils **adjoignirent** deux assistants aux scientifiques.

They **appointed** two assistants to the scientists.

admettre
to admit

Vous **admettrez** votre erreur tôt ou tard.

You will **admit** your mistake sooner or later.

administrer
to administer

Nous **administrerons** sont traitement à l'heure.

We will **administer** the treatment on time.

admirer
to admire

J'admire les personnes qui respectent les traditions.

I **admire** people who respect traditions.

adopter
to adopt

Ils **adopteront** un garçon l'été prochain.

They will **adopt** a boy next summer.

adorer
to adore

Ils **adoraient** le soleil, la lune et les étoiles.

They **adored** the sun, the moon and the stars.

adoucir
to soften

Le mélange **adoucira** le tissu.

The blend will **soften** the fabric.

adresser
to address

Le ministre **s'adressera** aux étudiants demain matin.

The minister will **address** the students tomorrow morning.

advenir
to become

Qu'adviendra-t-il de nous maintenant que la guerre est finie ?

What will **become** of us now that the war is over ?

aérer
to aerate

Ils **aèrent** les conduits pour empêcher la surchauffe.

They **aerate** the ducts to prevent overheating.

affaiblir
to weaken

Les efforts répétés **affaiblissent** la proie.

The repeated efforts **weaken** the prey.

affamer
to starve

Ils se sont **affamés** pour protester contre la décision de la cour.

They **starved** themselves to protest against the court order.

affecter
to affect

La nouvelle **affecta** grandement les plus jeunes.

The news greatly **affected** the younger ones.

affermer
to rent, lease

Les anciens propriétaires **affermèrent** le terrain pour dix ans.

The old owners **rented / leased** the land for ten years.

afficher
to post; to exhibit

Le professeur **affichera** les réponses à l'examen la semaine prochaine.

The teacher will **post / exhibit** the answers to the exam next week.

affliger
to afflict

Pourquoi **m'affligez**-vous ainsi ?

Why do you **afflict** me so?

agacer
to annoy

Le bruit des enfants **l'agaçait** de plus en plus.

The children's noise **annoyed** him more and more.

agenouiller (s')
to kneel

Ils **s'agenouillèrent** avant de prier leur Dieu.

They **kneeled** before praying to their God.

aggraver

to aggravate

Cette méthode **aggraverait** les effets secondaires.

This method would **aggravate** the secondary effects.

agir
to act

Il **agit** toujours avant de penser.

He always **acts** before thinking.

agiter
to wave, flutter; to trouble

Ils **agitaient** des drapeaux blancs pour demander une trêve.

They **waved / fluttered** white flags to ask for a truce.

Ils **agitaient** l'eau pour effrayer les poissons.

They **troubled** the water to frighten the fish.

agrandir
to enlarge, make bigger

Ce logiciel **agrandit** les images de bonne qualité.

This software **enlarges / makes bigger** pictures of good quality.

agréer
to agree

Agréez-vous aux clauses de confidentialité ?

Do you **agree** to the non-disclosure clauses ?

aider
to help

J'aide ma famille en leur envoyant de l'argent.

I **help** my family by sending them money.

aimer
to like, love

Tout le monde **n'aime** pas le chocolat noir.

Not everyone **loves / likes** dark chocolate.

ajouter
to add

Il **ajoutera** peut-être du sel à la recette.

He will maybe **add** salt to the recipe.

alimenter
to feed

Les fermiers **alimenteront** le bétail à midi.

The farmers will **feed** the cattle at noon.

allécher
to make one's mouth water

Les crêmes glacées **allèchent** souvent les enfants.

Ice cream often **make** kid's **mouths water**.

aller
to go

Je **vais** au supermarché.

I **am going** to the mall.

allonger
to lengthen, extend, stretch

La direction **allongera** la période d'attente.

The management will **lengthen / extend / stretch** the waiting time.

allumer
to light

Allume la télévision du salon, s'il-te-plaît.

Please, **light** the living room television.

alourdir
to weigh down, make heavy

L'eau **alourdit** les objets.

Water **weighs** objects **down.**

Water **makes** objects **heavy**.

alphabétiser
to alphabetize

Les missionnaires **alphabétisèrent** la plupart des natifs.

Missionaries **alphabetized** most of the natives.

altérer
to alter, distort

La lumière **altère** la composition de ce médicament.

Light **alters** the composition of this medicine.

Light **distorts** the picture of the cathedral.

alterner
to alternate

Les partis politiques **s'alternent** à la tête de l'Etat.

Political parties **alternate** at the head of the State.

améliorer
to improve

Les changements **améliorèrent** le rendement de la société.

The changes **improved** the yield of the company.

aménager
to fit

Ils **aménagent** les meubles dans le petit salon.

They **fit** the furniture in the small living room.

amener
to bring

Son père **amène** souvent Joseph aux cours de judo.

His father often **brings** Joseph to the judo classes.

amplifier
to amplify

Cette machine **amplifie** les signaux thermiques.

This machine **amplifies** thermic signals.

amuser
to amuse

Les clowns **amusaient** les enfants dans mon enfance.

During my childhood, clowns **amused** children.

analyser
to analyse

Les élèves **analysent** l'impact du réchauffement climatic.

The students **analyse** the impact of global warming.

anéantir
to annihilate; to wear out

Les armées de l'empire **anéantissent** les rebelles.

The armies of the empire **annihilate / wear** the rebels **out**.

angoisser
to distress

L'absence de nouvelles **angoisse** sa mère.

The lack of news **distresses** his mother.

animer
to lead, encourage, liven up

Les enseignants **animent** pendant rencontre entre les élèves.

The teachers **lead / encourage / liven up** during the meeting between students.

annoncer
to announce

Le Président **annonce** sa démission en direct.

The president **announces** his demission live.

anticiper
to anticipate

Les joueurs d'échecs **anticipent** les mouvements adverses.

Chess players **anticipate** the moves of the adversaries.

apercevoir
to see

Il **aperçut** sa proie avant de l'entendre.

He **saw** his prey before hearing it.

apparaître
to appear

Les fantômes **apparaissent** à ceux qui y croient.

Ghosts **appear** to those who believe in them.

appartenir
to belong

Il **appartient** à la troisième brigade d'infanterie.

He **belongs** to the third brigade of infantry.

appeler
to call

Appelez la police, faites vite !

Call the police, hurry!

applaudir

to applaud, clap

Le public **applaudit** très fort à la fin du concert.

The audience **applauded / clapped** loudly at the end of the concert.

appliquer
to apply

Les élèves **appliquent** les principes du théorème.

The students **apply** the principles of the theorem.

apporter
to bring

Ils **apportent** toujours de mauvaises nouvelles.

They always **bring** bad news.

apprécier
to appreciate

Nous **apprécions** les efforts de votre gouvernement.

We **appreciate** the efforts of your government.

apprendre
to learn

Nous **apprenons** à vivre avec nos erreurs.

We **learn** to live with our mistakes.

apprêter
to prepare, get ready

Elle **apprête** ses enfants pour l'école.

She is **prepares / gets** her children **ready** for school.

approcher
to approach

Les professionnels **approchent** les bêtes sauvages prudemment.

Professionals **approach** savage beasts carefully.

approuver
to approve (of)

Mon père **approuve** de ma décision.

My father **approves** of my decision.

appuyer
to support; to lean on ; to press

Il **appuie** toujours les décisions de ses enfants.

He always **supports** his children's decisions.

Les décisions de ses enfants **s'appuient** sur lui.

His children's decisions **lean on** him.

Il **appuie** sur tous les boutons.

He **presses** on all the buttons.

armer
to arm; to equip

Les gouvernements **arment** parfois des factions rebelles dans d'autres pays.

Governments sometimes **arm / equip** rebel factions in other countries.

arracher
to pull up/out

Arrachez toutes les mauvaises herbes du jardin.

Pull up / out all of the weed from the garden.

arranger
to arrange

Il **arrange** les fichiers dans le dossier en ce moment.

He is **arranging** the files in the folder right this moment.

arrêter
to stop, arrest

La police **arête** toutes les personnes d'intérêt.

The police **stops / arrests** all the persons of interest.

arriver
to arrive

Ils **arriveront** dans deux heures au plus.

They will **arrive** in two hours at most.

arroser
to water

Elle **arrose** les fleurs le matin.

She **waters** the flowers in the morning.

aspirer
to inhale; to suck

Cet insecte **aspire** les fluides hors des graines.

This bug **inhales / sucks** the fluids out of the seeds.

assaillir
to assail

Les rebelles **assaillent** la capitale depuis des mois.

The rebels have been **assailing** the capital for months.

assembler
to gather, assemble

Ils **assemblent** des sympathisants à leur groupe.

They **gather / assemble** sympathizers to their group.

asseoir
to sit down

Les aînés **s'assoient** proche des acteurs.

The elders **sit down** closer to the actors.

assister
to attend

Les élèves **assisteront** à des cours de géopolitique.

The students will **attend** courses on geopolitics.

associer
to associate

Certains animaux **associent** des sons à des objets.

Some animals **associate** sounds to objects.

assouplir
to soften

Le gouvernement **assouplira** sa politique sur les migrants.

The government will **soften** its politic on migrants.

assurer
to assure

Mon collègue **assure** tous ses véhicules et tous ses biens.

My colleague **assures** all his vehicules and all his goods.

astreindre
to compel

Le juge **astreint** ma banque a me rembourser.

The judge **compels** my bank to reimburse me.

attacher
to tie up, fasten, attach

Les fermiers **attachent** leurs bêtes à des arbres.

Farmers **tie** their beasts **up** to trees.

Farmers **fasten / attach** their beasts to trees.

attaquer
to attack

Les requins **attaquent** quand ils ont peur.

Sharks **attack** when they are afraid.

attarder
to linger

M'attarder sur la discussion qu'on a eue m'a attristé.

Lingering on the discussion we had saddened me.

atteindre
to attain

La balle **l'atteignit** à l'épaule.

The bullet **attained** his shoulder.

attendre
to wait for

Les parents **attendent** que les enfants sortent de l'école.

The parents **wait for** the children to get out of school.

attester
to testify, vouch, attest

J'atteste de la véracité des faits.

I **testify of / vouch for / attest of** the veracity of the facts.

attirer
to attract

Le sucre **attire** les fourmis et autres insectes.

Sugar **attracts** ants and other bugs

attraper
to catch

Le chasseur **attrape** rarement des lièvres.

The hunter seldom **catches** hares.

attribuer
to attribute

Le ministre **attribua** le contrat à une compagnie étrangère.

The ministry **attributed** the contract to a foreign company.

attrister
to sadden

Son comportement **attriste** sa mère.

His behaviour **saddens** his mother.

augmenter
to increase

Le nombre d'accidents **augmente** chaque année.

The number of accidents **increases** every year.

autoriser
to authorize

Le chef de laboratoire **autorise** les visiteurs à prendre des photos.

The lab chief **authorizes** visitors to take photographs.

avaler
to swallow

Elle **avale** les médicaments en faisant des sons étranges.

She **swallows** the medicine while making weird sounds.

avancer
to advance

L'escadron **avance** de trente kilometres chaque jour.

The squadron **advances** of thirty kilometers every day.

avertir
to warn

Il **avertissait** tout le monde des dangers de l'amiante.

He **warned** everyone of the dangers of absestos.

avoir
to have

I **avait** des étalons noirs dans son écurie.

He **had** black stallions in his stable.

avorter
to abort

Sa petite sœur **avorta** à dix-neuf ans.

His younger sister **aborted** at nineteen.

avouer
to confess / to admit / to profess

Il avoua qu'il **aimait** encore son ex-épouse.

He **confessed / admitted / professed** that he still loved his ex-wife.

bâcler
(inf) to botch; throw together

Il a **bâclé** la recette de pizza hawaïenne.

He **botched** / **threw** together the Hawaiian pizza recipe.

bagarrer
to fight, argue

Ils se **bagarrent** constamment.

They are constantly **fighting** / **arguing**.

baigner
to bathe (s.o.)

Il se **baigne** dans les eaux du Gange.

He **bathes** in the waters of the Gange.

baisser
to lower

Il **baisse** ses gardes quand il se sent en sécurité.

He **lowers** his guard when he feels safe.

balancer
to sway

Les herbes **balancent** à cause du vent.

The grass **sways** because of the wind.

balayer
to sweep

Les équipes de nuit **balaient** les rues.

The night teams **sweep** the streets.

bannir
to bar, block, cross out

Ils **bannissent** les tricheurs des parties de jeu.

They **bar / block / cross out** cheaters from the game matches.

baptiser
to baptize

Le prêtre **baptise** les enfants les dimanches.

The priest **baptizes** the children on Sundays.

barrer
to bar, block, cross out

Le gouvernement **barre** les routes vers les villages rebelles.

The government **bars / blocks / crosses out** the roads to the rebel villages.

bâtir
to build

Les castors **bâtissent** des barrages pendant le printemps.

Castors **build** dams during the spring.

battre
to beat

Ils **battent** les animaux cruellement.

They **beat** the animals cruelly.

bavarder
to chat

Ils **bavardèrent** en attendant que le repas soit prêt.

They **chatted** while waiting for the meal to be ready.

baver
to dribble, slobber,

Cet enfant **bave** en permanence.

The kid **dribbles / slobbers** constantly.

bégayer
to stammer, stutter

Quand il est nerveux, il **bégaye** beaucoup.

When he is nervous, he **stammers / stutters** a lot.

bénéficier
to benefit

Les enfants **bénéficient** des richesses de leurs parents.

Children **benefit** from the riches of their parents.

bénir
to bless

L'évêque **bénira** les soldats après la cérémonie.

The bishop **will bless** the soldiers after the ceremony.

bercer
to cradle, rock

La nounou **berce** le bébé.

The nanny is **cradling / rocking** the baby.

blaguer
to joke

Elle **blague** toujours sur des mauvais sujets.

She always **jokes** on bad subjects.

blâmer
to blame

Il **blâme** toujours les autres pour ses erreurs.

He always **blames** others for his mistakes.

blanchir
to bleach

Le dentiste **blanchit** les dents de ses patients.

The dentist **bleaches** the teeth of his patients.

blaser
to bore

Ils **sont blasés** par la répétition des discours.

They **are bored** by the repetition of speeches.

blêmir
to pale

Il **blêmit** de peur quand il voit une arraignée.

He **pales** of fright when he sees a spider.

blesser
to hurt, offend

Les insultes des voisins **blessèrent** le jeune homme.

The neighbor's insults **hurt / offended** the young man.

Les coups d'épée **blessèrent** les deux duellistes.

The sword hits **hurt** both duelists.

bleuir
to turn blue

Les mineurs **bleuissaient** à cause de manqué d'oxygène.

The miners **turned blue** due to the lack of oxygen.

bloquer
to jam, block, stop

Il **bloque** la porte avec un dictionnaire.

He **jams / blocks / stops** the door with a dictionnary.

boire
to drink

Les invites **boivent** de l'eau quand ils arrivent chez des nomades.

Guests **drink** water when they arrive at a nomad's house.

boîter
to limp, wobble

Il **boîte** depuis son accident de moto.

He **limps / wobbles** since his motorcycle accident.

bombarder
to bomb

Les forces alliées **bombardent** les forces ennemies.

The allied forces **are bombing** the enemy troops.

bondir
to jump up, bounce

Les enfants **bondirent** lorsqu'ils entendirent la sonnerie.

The kids **jumped up / bounced** when they heard the doorbell.

border
to trim, hem; to border ; to tuck

Elle **borde** son fils tous les soirs.

She **tucks** her son in every night.

La couturière **borde** toutes les robes de décorations.

The seamstress **trims / hems** the dress with decorations.

Le Canada **borde** les Etats-Unis au Nord.

Canada **borders** the United States in the North.

boucher
to cork, plug, block

L'hôtesse de l'air **boucha** la bouteille et la rangea.

The air hostess **corked / plugged** the bottle and put it away.

Il **boucha** le robinet avec un torchon.

He **blocked** the faucet with a rag.

boucler
to buckle, fasten;

Les passagers **bouclèrent** leurs ceintures avant le depart.

The passengers **buckled / fastened** their belts before departure.

bouffer
to be full; (fam) ; to gobble

Quand ce n'est pas lui qui paye, il **bouffe** sans retenue.

When he is not the one to pay, he **gobbles / gets full** without restraint.

bouger
to move

Le troupeau **bouge** très peu dans la matinée.

The herd **moves** very little in the morning.

bouillir
to boil

L'eau **bouillira** quand elle sera chauffée à cent degrés.

The water **will boil** when it is heated at a hundred degrees.

bouleverser
to distress; to disrupt

Les manifestants **bouleversent** le planning du gouvernement.

The protesters **disrupt** the government's planning.

Ton comportement **bouleverse** tes parents.

Your behavior **distresses** your parents.

bourrer
to fill, stuff

L'escroc **bourre** le sac de journaux.

The con-man **filled / stuffed** the bag with newspapers.

bousculer
to bump into; to liven up

Elle **bouscula** un autre passant par erreur.

She **bumped** into another passerby by mistake.

Le nouveau-venu **bouscula** les choses dans la salle.

The newcomer **livened** things **up** in the room.

branler
to shake, be shaky, loose

Ce mur **branle** quand il vente beaucoup.

This wall **shakes / is shaky / is loose** when it's windy.

briller
to shine

Les boutons **brillaient** au soleil.

The buttons **shined** in the sun.

briser
to break, smash; to ruin

Ils **brisèrent** toute la porcelaine de ma mère.

The **broke / smashed / ruined** all of my mother's porcelain.

bronzer
to tan

Elle **bronze** des heures durant, quand elle part en vacances.

She **tans** for hours, when she goes on vacations.

brosser
to brush

La domestique **brossait** les vêtements des enfants.

The housemaid **brushed** the children's clothes.

broyer
to grind

Le mixeur **broie** tous les ingrédients ensemble.

The mixer **grinds** all the ingredients together.

bruiner
to drizzle

Il **bruine** depuis ce matin.

It has been **drizzling** since this morning.

brûler
to burn

Il **brûla** la lettre après l'avoir lue.

He **burned** the letter after reading it.

brunir
to darken, tan

Elle **brunit** un peu plus depuis qu'elle est arrivée en Afrique.

She **darkens / tans** a bit more, since she arrived in Africa.

cacher
to hide

Les parents **cachent** les cadeaux avant Noël.

Parents **hide** the gifts before Christmas.

calculer
to calculate

Les scientifiques **calculent** les probabilités de réussite.

The scientists **are calculating** the probabilities of success.

captiver
to fascinate, captivate

Les arc-en-ciels **captivent** mon petit-fils.

Rainbows **fascinate / captivate** my grandson.

caractériser
to characterize

Il **caractérise** les espèces animales en fonction de leur couleur.

He **characterizes** animal species by color.

caresser
to caress

Sa mère **caressait** son front pendant qu'il dormait.

His mother **caressed** his brow while he slept.

casser
to break

Les enfants **cassèrent** la fenêtre de ma chambre.

The kids **broke** the window of the living-room.

causer
to chat, cause

Les collègues **causaient** entre eux en attendant que leur patron.

The colleagues **chatted** between themselves while waiting for their boss.

Les pluies **causent** les glissements de terrain dans mon village.

The rains **cause** the landslides in my village.

céder
to give up

Il a **cédé** à cause de la pression du public.

He **gave up** because of the pressure of the public.

ceindre
to put on

Elle a **ceint** la gourde à la ceinture de son fils.

She **put** the gourd **on** her son's belt.

célébrer
to celebrate

Les supporters **célèbrent** la victoire de leur équipe.

The supporters are **celebrating** the victory of their team.

censurer
to censor

Le gouvernement **censure** toutes les déclarations de l'opposition.

The government **censors** all declarations by the opposition.

centraliser
to centralize

Le chef de projet **centralise** tous les rapports fiscaux.

The project chief **centralizes** all the fiscal reports.

cerner
to encircle, surround

La police **cerne** les criminels avant de lancer l'assaut.

The police **encircles / surrounds** the criminals before launching the assault.

certifier
to certify

Le notaire **certifie** l'authenticité du document.

The notary **certifies** the authenticity of the document.

cesser
to cease

Il **cessa** d'assister aux cours depuis deux mois.

He **ceased** to attend classes since two months ago.

changer
to change

Les professeurs **changent** souvent l'emploi du temps.

The teachers often **change** the timetable.

chanter
to sing

Les visiteurs **chantèrent** toute la nuit.

The visitors **sang** all night long.

charger
to load

Les travailleurs **chargèrent** les marchandises sur le bateau.

The workers **loaded** the merchandise on the boat.

chasser
to hunt, chase

Les lionnes **chassent** en groupe le plus souvent.

Most often, lionesses **hunt** / **chase** in group.

châtier
to chasten

Le professeur **châtie** souvent ses élèves.

The teacher often **chastens** his students.

chatouiller
to tickle, titillate

Le grand frère **chatouille** ses petits frères pour les faire rire.

The older brother **tickles / titillates** his younger brothers to make them laugh.

chauffer
to heat

Sa mère **chauffe** toujours de l'eau pour qu'il se lave.

His mother always **heats** water so he can wash.

chausser
to put shoes on; to fit

Elle **chaussa** ses souliers préférés avant de sortir.

She **put** her favorite **shoes on** / **fit** her shoes on before going out.

chercher
to look for

La police **cherche** activement l'auteur du crime.

The police are actively **looking for** the perpetrator of the crime.

chérir
to cherish

Les parents **chérissent** leurs enfants par-dessous tout.

Parents **cherish** their children above all else.

chiffonner
to crumple; to bother

Il **chiffonna** la lettre et sortit de la pièce.

He **crumpled** the letter and left the room.

Il y a quelque chose qui me **chiffonne**.

There is something **bothering** me.

choisir
to choose

L'université **choisira** la meilleure thèse de recherche.

The university **will choose** the best research thesis.

chômer
to be idle, unemployed

Leurs parents **chôment** depuis le début de la crise.

Their parents **are idle** / are **unemployed** since the beginning of the crisis.

choquer
to shock, appall; to shake up

Les films du genre **choquent** beaucoup de personnes.

Movies of this kind **shock** / **appal** / **shake up** a lot of people.

chuchoter
to whisper

Les élèves **chuchotent** entre eux pendant le cours.

The students **whisper** among themselves during the class.

chuter
to fall, drop;

Il a **chuté** d'une échelle hier.

He **fell / dropped** from a ladder yesterday.

circoncire
to circumcise

Le médecin **circoncit** les garçons gratuitement.

The doctor **circumcises** the boys for free.

circonscrire
to contain

Les pompier **circonscrira** le feu dès son arrivée.

The fireman will **contain** the fire as soon as he arrives.

circonvenir
to circumvent

Les pirates informatiques **circonviennent** les défenses du serveur.

The computer hackers **circumvent** the defenses of the server.

circuler
to circulate

Les abeilles **circulent** librement dans la ruche.

The bees **circulate** freely in the hive.

citer
to quote, cite

Le professeur **cite** souvent Descartes lors de ses cours.

The teacher often **quotes / cites** Descartes during his classes.

claquer
to bang, ring out; to snap

Il **claque** toujours la porte en partant.

He always **bangs** the door when leaving.

Le meuble **claqua** contre le sol.

The furniture **rang out** against the floor.

Il **claqua** ses doigts pour faire du bruit.

He **snapped** his fingers to make some noise.

clarifier
to clarify

Les étudiants **clarifient** en ce moment les instructions de l'examen.

The students **are** currently **clarifying** the instructions of their exam.

classer
to file, classify; to grade

La bibliothécaire **classe** les livres selon certains critères.

The librarian **files / classifies / grades** the books following certain criteria.

cligner
to blink

Les hiboux **clignent** rarement des yeux quand ils chassent.

Owls rarely **blink** while hunting.

clignoter
to twinkle, flash, flicker

Les étoiles **clignotent** dans le ciel.

Stars **twinkle / flash / flicker** in the sky.

clocher
to be defective

Quelque chose **cloche** avec cette montre.

There **is** something **defective** with this watch.

cloîtrer
to shut away, cloister

Les religieuses de cette congrégation se **cloîtrent** toute leur vie.

Sisters from this congregation **shut** themselves **away / cloister** themselves all their lives.

clore
to close

Le juge **clora** l'affaire demain soir.

The judge **will close** the case tomorrow evening.

clouer
to nail, tack; to pin down

Il va **clouer** la déclaration au tableau.

He will **nail / tack** the declaration on the board.

He **will pin** the declaration down on the board.

cocher
to check off, tick; to notch

Elle **coche** toutes les cases sans réfléchir.

She **checks off / ticks / notches** all the boxes without thinking.

coiffer
to do someone's hair

Les sœurs se **coiffent** l'une l'autre.

The sisters **do each other's hair**.

coincer
to wedge; to catch s.o. out

Le vent **coince** les feuilles dans la gouttière.

The wind **wedges** the leaves in the gutter.

Il **coince** ses débiteurs devant chez eux.

He **catches** his debtors out in from of their homes.

collaborer
to collaborate

Les artistes **collaborent** parfois sur certaines créations.

Artists sometimes **collaborate** on certain creations.

coller
to glue, stick, paste

Les enfants **collent** des feuilles pour passer le temps.

The kids are **gluing / sticking** leaves together to pass time.

Il a **collé** l'intégralité de mes recherches à son article.

He **pasted** the whole of my research in his article.

combattre
to combat

L'armée **combat** les rebelles dans le sud du pays.

The army is **combating** the rebels in the south of the country.

combiner
to combine

Le programmeur **combina** plusieurs algorithmes dans le script.

The programmer **combined** many algorithms in the script.

combler
to fill in; to fulfill, make up

Les animaux domestiques peuvent **combler** un vide.

Pets can **fill in** a void / **make up** for a void.

Ce projet le **comblait** complètement depuis le divorce.

This project **fulfilled** him completely since the divorce.

commander
to order

Il **commande** son matériel en Inde.

He **orders** his equipment from India.

Il **commanda** aux troupes de s'arrêter.

He **ordered** the troops to stop.

commencer
to begin

Ils **commenceront** les experiences demain.

They **will begin** the experiments tomorrow.

commenter
to comment

Les visiteurs **commentent** trop peu sur le blog.

The visitors **comment** too little on the blog.

commettre
to commit

Il **commet** toujours des délits mineurs.

He is always **committing** minor crimes.

communiquer
to communicate

Les membres d'un même groupe **communiquent** plus facilement entre eux.

Members of a same group **communicate** more easily among themselves.

comparaître
to appear

Il **comparaîtra** devant le juge dès qu'une date sera fixée.

He **will appear** before a judge as soon as a date is set.

comparer
to compare

Elle **compare** la longueur de ses robes.

She **compares** the length of her dresses.

compléter
to complete

La nouvelle recrue **complète** bien l'équipe en fin de compte.

The new recruit **completes** the team nicely all things considered.

complimenter
to compliment

Les hommes **complimentent** les femmes sur leur beauté.

Men **compliment** women on their beauty.

compliquer
to complicate

Il **complique** les choses avec ses méthodes de calcul.

He **complicates** things with his calculus methods.

comporter
to consist of, comprise

Cet appareil **comporte** plusieurs systèmes de navigation.

This device **consists of / is comprised of** various navigation systems.

composer
to form; to compose; to dial

Il **compose** le numéro de son avocat.

He **dials** his lawyer's number.

Elle **compose** différents arrangements floraux.

She **composes / forms** various floral arrangements.

comprendre
to understand

Les élèves **comprennent** si on leur enseigne correctement.

The students **understand** if they are taught well.

compromettre
to compromise

Les deux Etats **compromettront** les négociations de paix avec ce comportement.

Both States will **compromise** the peace talks with this behavior.

compter
to count, intend

Il **compte** les oranges qu'il a achetées au marché.

He **counts** the oranges he bought at the market.

Il **compte** partir pour l'Italie dans deux mois.

He **intends** to go to Italy in two months.

concéder
to concede

Notre club de basketball a **concédé** une victoire à l'équipe adverse.

Our basketball club **conceded** a victory to the opposing team.

concentrer
to concentrate

Il **concentre** tous ses efforts sur ce projet.

He **concentrates** all of his efforts on this project.

concevoir
to conceive

Elle **conçoit** que l'on puisse se tromper sur les intentions du suspect.

She **conceives** that one can be mistaken about the intentions of the suspect.

conclure
to conclude

L'auteur **conclut** rarement ses articles comme il devrait.

The author seldom **concludes** his articles as he should.

concourir
to compete

Ce cheval **concourra** dans les courses du mois prochain.

This horse **will compete** in next month's races.

condamner
to condemn

Le juge **condamne** les voleurs à quelques mois de prison.

The judge **condemns** the thieves to a few months in prison.

conduire
to drive

L'employé municipal **conduit** les enfants à l'école tous les matins.

The municipal employee **drives** the kids to school every morning.

confier
to confide

Elle se **confie** souvent à sa tante.

She often **confides** in her aunt.

confire
to preserve

Ma grand-mère **confisait** ses pommes pour l'hiver.

My grandmother **preserved** her apples for winter.

confondre
to confuse

Il **confondit** son épouse et sa jumelle.

He **confused** his wife with her twin.

congeler
to freeze

Il **congèle** son sirop de menthe.

He **freezes** his mint syrup.

conjoindre
to unite

L'homme **se conjoint** à la femme devant un membre du clergé.

The man **unites** to the woman in front of a member of the clergy.

conjuguer
to conjugate

Le traducteur **conjugue** les verbes dans les deux langues.

The translator **conjugates** the verbs in both languages.

connaître
to know

Les anciens **connaissent** les vertus des plantes.

The elders **know** the virtues of the plants.

conquérir
to conquer

César **conquit** presque tout l'hémisphère nord.

Caesar **conquered** almost all of the northern hemisphere.

consacrer
to devote

L'évêque **consacrera** cette église à Dieu la semaine prochaine.

The bishop **will devote** this church to God next week.

conseiller
to recommend

Elle **conseille** aux visiteurs de visiter les sources chaudes.

She **recommends** the hot springs to the visitors.

consentir
to consent

Ton père **consent** à ce qu'on commence les travaux.

Your father **consented** to us beginning the work.

conserver
to conserve

Elle **conserve** tout l'argent qu'il envoie.

She **conserves** all the money he sends.

considérer
to consider

Les historiens **considèrent** que c'est le berceau de l'humanité.

Historians **consider** it to be the cradle of humanity.

consister
to consist

Cette pâte **consiste** en trois extraits naturels.

This paste **consists** of three natural extracts.

consoler
to console, soothe

Les mères **consolent** mieux leurs enfants que les pères.

Mothers **console / soothe** their children better than fathers.

constater
to notice, record, certify

L'officier de police **constate** les faits.

The police officer **notices / records / certifies** the facts.

construire
to construct

Différents oiseaux **construisent** des nids différents.

Different birds **construct** different nests.

consulter
to consult

Les élèves **consultent** les archives de la bibliothèque.

The students **consult** the archives of the library.

contenir
to contain

Cette boîte **contient** tous les souvenirs achetés en Irlande.

This box **contains** all of the souvenirs bought in Ireland.

contenter
to satisfy, please

Il se **contente** de peu depuis qu'il est devenu bouddhiste.

He is **satisfied / is pleased** with little since he became buddhist.

conter
to recount

Le héraut **conte** l'histoire du village pendant la cérémonie.

The herald **recounts** the history of the village during the ceremony.

continuer
to continue

Le journaliste **continua** son interview après la publicité.

The journalist **continued** his interview after the commercials.

contraindre
to compel

Les officiers **contraignent** les recrues à se lever tôt.

The officers **compel** the recruits to rise early.

contredire
to contradict

L'avocat de la défense **contredit** tous les arguments du procureur.

The defense attorney **contradicts**
every argument of the prosecutor.

contrevenir
to contravene

Les plus jeunes **contreviennent**
aux règles disciplinaires.

The younger ones **contravene** to
the disciplinary rules.

contribuer
to contribute

Les moins riches **contribuent**
aussi comme à leur façon.

The less riche also **contribute** in
their own way.

contrôler
to control

Le dompteur **contrôle**
parfaitement ses félins.

The tamer **controls** his felines
perfectly.

convaincre
to convince

Il **convainc** ses interlocuteurs grâce à sa sincérité.

He **convinces** his interlocutors thanks to his sincerity.

convenir
to convene

Les partenaires **conviennent** ensemble des termes du contrat.

The partners **convene** together of the terms of the contract.

convertir
to convert

Mon père **convertissait** de nombreuses personnes dans sa jeunesse.

My father **used to convert** a lot of people in his prime.

coopérer
to cooperate

Les agriculteurs de différents pays **coopèrent** pour lutter contre l'épidémie.

Farmers from different countries **cooperate** to fight the epidemic.

coordonner
to coordinate

Le chef de projet **coordonne** le travail de toutes les équipes.

The project chief **coordinates** the work of all the teams.

copier
to copy

Les nouveaux élèves **copient** les résultats sans réfléchir.

The new students **copy** the results without thinking.

correspondre
to correspond ; match ; fit together

Les deux bouts de cristal **correspondent** parfaitement.

The two bits of crystal **correspond / match / fit together** perfectly.

Il **correspond** avec son amante tous les mois.

He **corresponds** with his lover every month.

corriger
to correct

Le professeur **corrige** les erreurs des élèves.

The teacher **corrects** the mistakes of the students.

corrompre
to corrupt

Les mauvaises influences **corrompent** parfois les enfants.

Bad influences sometimes **corrupt** children.

coucher
to put to bed

Il **couche** ses neveux dans la chambre de son frère.

He **put** his nephews **to bed** in his brother's room.

coudre
to sew

La couturière **coud** les trous dans la robe de la cliente.

The dressmaker **sews** the holes in the client's dress.

couler
to flow, run

Le sang **coulait** de ses plaies.

The blood **flowed / ran** from his wounds.

couper
to cut

Il **coupe** ses cheveux avec de vieux ciseaux.

He **cuts** his hair with old scissors.

courber
to bend, bow

Tout le monde se **courbe** en face du roi.

Everyone **bends / bows** in front of the king.

courir
to run

Les athlètes **courent** très vite.

Athletes **run** really fast.

couronner
to crown

Le pape **couronnera** le Prince dans un mois.

The pope **will crown** the Prince next month.

coûter
to cost

Cette voiture lui **coûtera** beaucoup trop d'argent.

This car will **cost** him too much money.

couvrir
to cover

Les chasseurs **couvrirent** leurs traces avec des feuilles.

The hunters **covered** their tracks with leaves.

cracher
to spit

Elle **cracha** au visage des coupables de l'attentat.

She **spit** on the face of the attack's culprits.

craindre
to fear

Elle **craint** pour la vie de ses enfants.

She **fears** for the life of her children.

craquer
to creak, crack

Le bois **craqua** sous le poids du nouveau-venu.

The wood **creaked / cracked** under the weight of the newcomer.

créditer
to credit

Le comptable a **crédité** mon compte ce matin.

The accountant **credited** my account this morning.

créer
to create

Le musicien **crée** des compositions surprenantes.

The musician **creates** surprising compositions.

creuser
to hollow, dig

Les taupes **creusent** profondément dans la terre.

The moles **hollow / dig deep** into the earth.

crever
to burst; to wear out

Le clou **creva** le pneu de la Chevrolet.

The nail **burst** the Chevrolet's tire.

La machine **crèvera** si tu t'en sers comme ça.

The device **will wear out** if you use it like that.

crier
to shout

Son père **crie** tout le temps sur lui.

His father is always **shouting** at him.

crisper
to tense; to get on s.o.'s nerves

Son comportement **crispe** son camarade de chambre.

His behavior **tenses / gets on** his roomate's **nerves**.

critiquer
to criticize

Ce lecteur **critique** rarement les livres qu'il a lus.

This reader seldom **criticizes** the books he has read.

crocheter
to pick a lock

Le voleur **crochète** habilement la serrure de la porte de la cuisine.

The thief skillfully **picks the locks** of the kitchen door.

croire
to believe

Les enfants **croient** encore au Père Noël.

The children still **believe** in Santa Claus.

croiser
to fold; to cross, pass

Elle **croisa** ses bras sous sa poitrine.

She **folded** her arms under her chest.

Ils **croisèrent** les parents de leur ancien voisin dans la rue.

The **crossed / passed** their old neighbor's parents in the street.

croître
to grow

La récolte **commence** à croître dans les champs.

The crop is **beginning** to grow in the fields.

croquer
to bite into, crunch

Les enfants **croquaient** leurs bonbons d'Halloween.

The kids were **biting into / crunching** their Halloween candy.

cueillir
to gather

Les femmes **cueillaient** les fruits au lever du soleil.

The women **gathered** fruits at sun rise.

cuire
to cook

Il **cuit** ses poissons dans de l'huile d'olive.

He **cooks** his fish in olive oil.

cuisiner
to cook

Elle **cuisine** seulement les Samedis, après son retour de la ville.

She only **cooks** on Saturdays, after getting back from the city.

cultiver
to cultivate

Plusieurs générations **cultivèrent** ces terres.

Many generations **cultivated** these lands.

cumuler
to do s.t concurrently

Il **cumule** parfois plusieurs tâches dans l'association.

He sometimes **does** many tasks **concurrently** within the association.

daigner
to deign, condescend

Le roi **daigne** rencontrer les membres de la délégation.

The king **deigns to / condescends** to meet the members of the delegation.

danser
to dance

Elle **dansa** toute la nuit à son anniversaire.

She **danced** all night on her birthday.

dater
to date (from), be outdated

Cet échantillon **date** d'il y a 1500 ans.

This sample **dates** from 1500 years.

Ce système **date** déjà trop.

This system **is** too **outdated** already.

déballer
to unpack ; to unroll

Les enfants **déballèrent** leurs sacs de couchages.

The kids **unpacked / unrolled** their sleeping bags.

débarquer
to unload; to land;

Les troupes **débarquèrent** sur la côte anglaise.

The troops **unloaded / landed** on the English coast.

débarrasser
to clear, rid (s.o.) of

Elle se **débarrassera** de toutes les traces.

She will **clear / get rid of** all the traces.

débattre
to debate

Les députés **débattent** encore du budget.

The members of parliament art still **debating** of the budget.

déborder
to overflow, stick out

La rivière **déborda** pendant la nuit.

The river **overflowed** during the night.

Les vêtements **débordent** de sa valise.

The clothes **stick out** from his suitcase.

débrouiller
to untangle, sort out

Le chef de l'équipe **débrouille** souvent les conflits internes.

The team often **untangles / sorts out** the internal conflicts.

décerner
to give, award

L'école **décerne** des récompenses aux meilleurs élèves.

The school **gives / awards** recompenses to the best students.

décevoir
to disappoint

Les résultats scolaires des enfants **déçoivent** leurs parents.

The children's academic results **disappointed** their parents.

décharger
to unload, unburden

Ils **déchargent** le camion les matins.

They **unload / unburden** the truck in the mornings.

déchirer
to rip

Elle **déchire** toujours ses robes quand elle joue.

She always **rips** her dresses while playing.

décider
to decide

Le jury **décidera** de la solution à appliquer.

The jury **will decide** of the solution to implement.

déclarer
to declare, announce

Le porte-parole du gouvernement **déclare** que le Président va bien.

The government's spokesperson **declared / announced** that the President was alright.

déclore
to reopen

Nous allons devoir **déclorer** les affaires de l'Inspecteur.

We will have to **reopen** the Inspector's cases.

décoiffer
to muss, to take one's hat off

Les messieurs se **décoiffèrent** lorsqu'elle entra.

The gentlemen **took off** their hats when she came in.

Le vent **décoiffait** les cyclistes.

The wind **mussed** the cyclists' hair.

déconfire
to be beaten

Les armées de l'Empire **déconfirent** les troupes rebelles.

The armies of the Empire **beat** the rebel troops.

découdre
to unpick

Elle **décousait** la robe toutes les nuits.

She **unpicked** the robe every night.

découper
to cut, carve

L'artiste **découpa** une portion de bois.

The artist **cut / carved** a piece of wood.

décourager
to discourage

Les tentatives infructueuses **découragèrent** les chercheurs.

The fruitless attempts **discouraged** the researchers.

découvrir
to discover

Les colons **découvrirent** enfin la tombe du grand chef.

The colons **discovered** the tomb of the great chief.

décrire
to describe

Cet écrivain **décrit** parfaitement le coucher du soleil.

This author perfectly **describes** the sunset.

décrocher
to pick up (phone)

La domestique **décrocha** le téléphone sans réfléchir.

The housemaid **picked up the phone** without thinking.

décroître
to decrease

Le taux de mortalité animale **décroît** tous les ans.

The animal death rate **decreases** every year.

dédier
to dedicate

Il **dédie** toujours ses livres à son épouse.

He always **dedicates** his books to his wife.

dédire (se)
to retract

Le Président **s'est dédit** sur la question des pensions.

The President **retracted** on the matter of pensions.

déduire
to deduce

Sherlock **déduisit** que le repas était prêt.

Sherlock **deduced** that the meal was ready.

défaillir
to faint

La princesse **défaillit** à la vue de son propre sang.

The princess **fainted** when she saw her own blood.

défaire
to undo

Le Prince **défit** le mauvais sort et épousa la princesse.

The prince **undid** the dark spell and married the princess.

défendre
to defend

Un dragon **défend** le château de la sorcière.

A dragon **defends** the witch's castle.

défier
to challenge

Les soldats **défièrent** les ordres de leurs supérieurs.

The soldiers **challenged** the orders of their superiors.

défiler
to parade;

Les soldats **défilèrent** lors de la fête nationale.

The soldiers **paraded** during the national holiday.

définir
to define

Ses partisans **définissent** le phénomène de la même façon.

His sympathizers **define** the phenomenon in the same way.

dégager
to free

Les villageois **dégagèrent** la route principale pour aller en montagne.

The villagers **freed** the main road to go in the mountains.

dégoûter
to disgust

La cuisine locale **dégoûte** souvent les étrangers.

The local cuisine often **disgusts** foreigners.

déguiser
to disguise

Elle **déguisa** ses enfants en super-héros.

She **disguised** her children as super-heroes.

déguster
to taste, sample, savor

Les touristes **dégustent** le vin du château gratuitement.

The tourists **taste / sample / savor** the castle's wine for free.

déjeuner
to have lunch

Elle **déjeune** avec mes parents en ce moment.

She **has lunch** with my parents right this moment.

délibérer
to deliberate

Le jury **délibéra** pendant plusieurs heures.

The jury **deliberated** during many hours.

délivrer
to set free; to rid; to deliver

Les soldats **délivrèrent** les prisonniers de l'armée impériale.

The soldiers **set** the prisoners of the imperial army **free**.

The soldiers **delivered** the prisoners of the imperial army.

Les soldats **délivrèrent** le village des bandits.

The soldiers **rid** the village of bandits.

demander
to ask

Les parents **demandent** aux professeurs si leurs enfants étudient bien.

The parents **ask** the teachers if their children study well.

déménager
to move

Nous **déménageront** à la fin de l'année.

We will **move** at the end of the year.

demeurer
to live, stay

Nous allons **demeurer** dans cette ville jusqu'en Décembre.

We will **live / stay** in this town until December.

démolir
to demolish

Le maire **démolit** la vieille école du quartier.

The mayor **demolished** the neighborhood's old school.

démontrer
to demonstrate, prove

Les scientifiques **démontrent** toujours leurs théroies.

Scientists always **demonstrate / prove** their theories.

dénoncer
to denounce

C'est son épouse qui le **dénonça** à la police.

It's his wife who **denounced** him to the police.

dénoter
to indicate, denote

Les chiffres **dénotent** un manqué de calcium chez le patient.

The numbers **indicate / denote** the patient's lack of calcium.

départir
to accord

Il **départit** son héritage à ses descendants.

He **accorded** his inheritance to his descendants.

dépasser
to pass, exceed, surpass

Ma voiture **dépassa** la limite de vitesse en quelques secondes.

My car **passed / exceeded / surpassed** the speed limit in a matter of seconds.

dépêcher
to hurry

Les voyageurs se **dépêchèrent** pour aller à la gare.

The travelers **hurried** to the train station.

dépeindre
to depict

Il **dépeint** les étrangers comme des sauvages.

He **depicts** foreigners as savages.

dépendre
to depend

La réussite de ton projet **dépend** de l'aide qu'il t'apportera.

The success of your project
depends of the help he will give
you.

dépenser
to spend

Son épouse **dépense** plus
d'argent qu'il n'en a.

His wife **spends** more money
than he has.

déplacer
to move, displace

Le tremblement de terre a
déplacé la couche de terre.

The earthquake **moved /
displaced** the layer of earth.

déplaire
to displease

Son comportement **déplait**
beaucoup au Sultan.

His behavior **displeases** the
Sultan greatly.

déposer
to put down; to deposit

Elle **déposa** la boîte sur la table de la cuisine.

She **put** the box **down** on the kitchen's table.

Le banquier **déposa** les fonds sur un compte anonyme.

The banker **deposited** the funds on an anonymous account.

dépouiller
to strip ;

Les soldats **dépouillèrent** les prisonniers de leurs vêtements.

The soldiers **stripped** the prisoners of their clothing.

déprécier
to depreciate; to belittle

Les acheteurs **déprécient** toujours les meubles anciens.

The buyers always **depreciate / belittle** the antique furniture.

déprimer
to depress

Le journal me **déprime** à chaque fois.

The newspaper **depresses** me every time.

déranger
to disturb

Le bruit du moteur **dérangeait** les voisins.

The engine's noise **disturbed** the neighbors.

déraper
to skid, slip

L'athlète **dérapa** à cause de la pluie.

The athlete **skidded / slipped** because of the rain.

dérober
to steal; to hide, conceal

Le voleur **déroba** un diamant très rare.

The thief **stole** a very rare diamond.

Il **dérobera** les joyaux à la vue des voleurs.

He will **hide / conceal** the jewels from the thieves.

dérouler
to unwind, unroll

L'électricien **déroule** la bobine avant de commencer.

The electrician **unwound / unrolled** the coil before beginning.

descendre
to descend

Le niveau de la mer **descendra** demain.

The sea level will **descend** tomorrow.

désespérer
to drive to despair

L'attitude des nouveaux enfants **désespère** les professeurs.

The attitude of the new kids **drives** the teachers **to despair**.

déshabiller
to undress (s.o.)

Les urgentistes **déshabillèrent** la victime pour examiner le corps.

The first responders **undressed** the victim in order to examine the body.

désigner
to point out; to designate

Le chef **désignera** ceux qui iront dans le village voisin.

The chief will **point out / designate** those who will go to the neighboring village.

désirer
to desire

La Reine **désire** que vous lui apportiez des fleurs.

The queen **desires** that you bring her flowers.

désobéir
to disobey

Les soldats **désobéissent** rarement aux ordres directs.

Soldiers seldom **disobey** direct orders.

désoler
to distress, sadden

Le manque de soleil **désolait** les vacanciers.

The lack of sun **distressed / saddened** the vacationers.

dessiner
to draw

Il **dessine** bien les visages de femmes.

He **draws** women's faces well.

détacher
to untie, undo ; to detach

Son sauveur **détacha** les cordes et l'aida à sortir de la maison.

His savior **untied / undid / detached** the ropes and helped him out of the house.

déteindre
to bleach

détendre
to release, loosen

L'ouvrier **détendit** les attaches des poteaux pour tester la solidité.

The worker **released / loosened** the ties of the beams to test the solidity.

détenir
to hold

La police **détient** les preuves de vos crimes.

The police **holds** the proofs of your crimes.

déterminer
to determine

Les biologistes **déterminèrent** l'espèce du nouveau spécimen.

The biologists **determined** the species of the new specimen.

détester
to hate

Les enfants **détestent** souvent les repas amers.

Kids often **hate** bitter meals.

détourner
to divert

Les pirates **détourneront** le bateau de son trajet.

The pirates **will divert** the ship from its course.

détruire
to destroy

L'explosion **détruira** sans doute les bâtiments voisins.

The explosion **will** most likely **destroy** the neighboring buildings.

dévaloriser
to reduce the value of

La banque **dévalorisa** la monnaie de toute la région.

The bank **reduced the value of** the currency of the whole region.

devancer
to do s.t. ahead of s.o.

Les astronomes européens **devanceront** la NASA sur ce projet.

The European astronomers **will do** this project **ahead of** NASA.

développer
to develop

Les russes **développent** de nouvelles techniques spatiales.

The Russians **develop** new spatial techniques.

devenir
to become

Tous les enfants de mon frère **devinrent** bilingues dans leur nouvelle école.

All of my brother's children **became** bilingual in their new school.

dévêtir
to undress

Les infirmières **dévêtirent** la patiente.

The nurses **undressed** the patient.

deviner
to guess

Il **devine** toujours mes intentions avant que je ne parle.

He always **guesses** my intent before I speak.

devoir
to have to

Les médecins **devront** mètre la zone en quarantaine.

The doctors will **have to** quarantine the zone.

dévorer
to devour

Les félins **dévorent** leurs proies dans un ordre précis.

Felines **devours** their prey in a precise order.

dicter
to dictate

Le président **dictait** son discours à sa secrétaire.

The president **dictated** his speech to his secretary.

différer
to differ

Les conclusions de l'équipe britannique **diffèrent** des autres.

The conclusions of the British team **differ** from the others.

digérer
to digest

Le serpent **digèrera** son repas pendant six jours.

The snake **will digest** his meal for six days.

diminuer
to diminish

Le gouvernement **diminuera** le montant les bourses d'étudiants l'an prochain.

The government **will diminish** the sum scholarships next year.

dîner
to have dinner

Mon fiancé **dînera** avec mes parents demain matin.

My fiancé **will have dinner** with my parents tomorrow morning.

dire
to say

Les enfants **disent** ce qu'ils pensent sans réfléchir.

Children **say** what they think without thinking.

diriger
to direct

Le chef d'orchestre **dirigera** bientôt une nouvelle symphonie.

The chief of orchestra will soon **direct** a new symphony.

discourir
to discourse

Socrate **discourait** de la morale et de la loi.

Socrates **discoursed** on moral and law.

discuter
to discuss

Les étudiants **discutent** de leurs projets avec leurs mentors.

The students **are discussing** their projects with their mentors.

disjoindre
to disconnect

Le technicien **disjoindra** les câbles dès son arrivée.

The technician **will disconnect** the cables as soon as he arrives;

disparaître
to disappear

De nombreuses espèces animales **disparaissent** tous les ans.

Numerous animal species **disappear** every year.

disperser
to scatter, disperse

Les enfants **dispersèrent** les cendres de leur père en mer.

The children **scattered / dispersed** their father's ashes at sea.

disposer
to arrange; to dispose

La décoratrice **disposa** le vase Ming sur la table basse.

The interior designer **arranged / disposed** the Ming vase on the coffee table.

disputer
to fight, dispute

Le contractant **disputa** les allégations de son ancien client.

The contractor **fought / disputed** the allegations of his old client.

disséminer
to disseminate

Les abeilles **disséminent** le pollen des fleurs.

Bees **disseminate** the pollen from flowers.

dissiper
to dissipate

Les rayons de soleil **dissipèrent** la brume écossaise.

The rays of the sun **dissipated** the Scottish fog.

dissoudre
to dissolve

L'acide **dissout** plus rapidement ce minéraux.

Acid **dissolves** this mineral faster.

dissuader
to dissuade

La barricade de la police **dissuada** les manifestants.

The police barricade **dissuaded** the protesters.

distinguer
to distinguish

Elle **distingue** mieux les formes que les couleurs.

She **distinguishes** shapes better than colors.

distraire
to distract; to entertain

Le film **distrayait** les prisonniers de leur situation.

The movie **distracted** the prisoners from their situation.

Le pianiste **distrayait** les habitués du bar.

The pianist **entertained** the bar's regulars.

distribuer
to distribute

Le Père-Noël **distribua** de nombreux cadeaux aux enfants.

Santa Claus **distributed** numerous gifts to the children.

diviser
to divide

Mon père **divise** toujours les gâteaux en parts égales.

My father always **divides** cakes in equal parts.

divorcer
to divorce

Plus de couples **divorcent** chaque année à cause des réseaux sociaux.

More couples **divorce** each year because of social networks.

dominer
to dominate

L'équipe allemande **domine** entièrement l'équipe brésilienne.

The german team completely **dominates** the Brazilian team.

dompter
to tame, subdue

Tarzan **dompta** tous les animaux de la jungle.

Tarzan **tamed / subdued** all the animals of the jungle.

donner
to give

Ces ordinateurs **donnent** des résultats incomplets.

These computers **give** incomplete results.

dorer
to gild; to sweeten (fig)

L'Impératrice Cathérine **dora** les murs de son château.

The Empress Catherine **gilded** the walls of her castle.

Ma mère **dorait** la pillule quand elle nous annonçait de mauvaises nouvelles.

My mother **sweetened** the pill when she announced bad news.

dormir
to sleep

Les bébés **dorment** très peu pendant la nuit.

Babies **sleep** very little at night.

doubler
to pass

Une voiture de luxe **doubla** le camion à grande vitesse.

A luxurious car **passed** the truck at high speed.

doucher
to shower s.o.

Elle se **douche** dès qu'elle arriva à l'hôtel.

She **showered** as soon as she got to the hotel.

douer
to endow s.o. with

La nature a **doué** son fils d'un grand sens de l'humour.

Nature **endowed** her son **with** a great sense of humor.

douter
to doubt

Le procureur **doutait** que le suspect soit coupable.

The prosecutor **doubted** the suspect was guilty.

dresser
to stand, raise; to write (a list)

Les colons **dresseront** des murs de séparation dès que possible.

The settlers will **raise** separation walls as soon as possible.

La caissière **dressa** une liste des produits que le client avait achetés.

The cashier **wrote a list** of the products the client had bought.

Les manifestants se **dressèrent** contre la tyrannie du régime.

The protesters **stood** against the tyranny of the regimen.

durer
to last

La guerre **dura** trois et tua des millions de personnes.

The war **lasted** three weeks and killed millions of people.

ébranler
to shake; to weaken, compromise

Les terroristes **ébranlent** les fondations de la société.

Terrorists **shake / weaken / compromise** the foundations of society.

écarter
to move apart, spread open

Les passants **écartèrent** les deux hommes.

The passersby **moved** the two men **apart**.

Le biologiste **écarta** les pétales de la fleur.

The biologist **spread** the flower's petals **open**.

échanger
to exchange

Les jeunes gens **échangèrent** leurs histoires.

The young people **exchanged** their stories.

échapper
to escape

Après plusieurs années, il **échappa** de prison.

After many years, he **escaped** from jail.

échouer
to fail

Les étudiants **échouent** souvent à cet examen.

The students often **fail** this exam.

éclaircir
to lighten, brighten; to thin

Cette couleur sur les murs **éclaircira** la pièce.

This color on the walls will **lighten / brighten** the room.

Ajouter de l'eau **éclaircit** la sauce.

Adding water **thins** the sauce.

éclairer
to light, shine; to clarify

Il **éclairait** la voie en ouvrant les fenêtres.

He **lighted** the way by opening the windows.

Il **éclaira** la pièce avec sa torche.

He **shined** light into the room with his torch.

Il **éclaira** tout le problème dès son arrivée.

He **clarified** the whole problem when he arrived.

éclater
to explode; to break out

La boîte **éclata** lorsqu'il la toucha.

The box **exploded** when he touched it.

La guerre **éclatera** entre ces pays si la situation perdure.

War will **break out** between those countries if the situation persists.

éclore
to hatch

Les œufs des autruches **éclosent** plus lentement que ceux des poules.

Ostrich eggs **hatch** more slowly than chicken's.

éconduire
to stymy

Ses amis **éconduisent** les études de mon fils.

His friends **stymy** the studies of my son.

écouler
to sell

Ce revendeur **écoule** rapidement les produits.

This retailer **sells** the products rapidly.

écouter
to listen

Elle **écoute** attentivement les conseils de son père.

She carefully **listens** to her father's advice.

écrire
to write

Les soldats **écrivent** à leurs familles au pays.

The soldiers **write** to their families back home.

effacer
to erase

Les pirates informatiques **effacèrent** les rapports financiers.

The computer hackers **erased** the financial reports.

effectuer
to carry out, make happen

Le chef **effectue** les objectifs du projet.

The chief **carries out** the objectives of the project.

The chief **makes** the objectives of the project **happen**.

effrayer
to frighten

Mon frère **effraye** les enfants en se déguisant.

My brother **frightens** the children by disguising himself.

égaler
to equal, be equal to

Les performances de ce moteur **égalent** celle du modèle précédent.

This engine's performances **equal / are equal** to the previous model's.

égarer
to mislead, mislay

Les enfants **égarent** souvent leurs jouets.

The children often **mislead / mislay** their toys.

égayer
to entertain

Les clowns **égayaient** les fêtes lorsque j'étais petit.

Clowns **entertained** at parties when I was a child.

élargir
to widen, stretch

La pression de l'eau **élargissait** la fente dans la paroi.

The water pressure **widened** / **stretched** the crack in the wall.

électrifier
to electrify

Les scientifiques **électrifient** les équipements avec l'énergie de la foudre.

The scientists **electrify** the equipment with the energy from the thunder.

élever
to raise

Le gouverneur **élèvera** les taxes avant la fin de l'année.

The governor will **raise** the taxes before the end of the year.

élider
to elide

Elle **élide** sans problème les voyelles maintenant.

She **elides** the vowels without any problem now.

élire
to elect

Le peuple **élit** en ce moment son prochain président.

The people is **electing** its next president.

éloigner
to move away

Les passants **éloignèrent** les passagers du véhicule.

The passersby **moved** the passengers **away** from the vehicle.

embarquer
to embark, load; (fam) to steal

Les voyageurs **embarquèrent** sur le Titanic.

The travelers **embarked** on the Titanic.

Les dockers **embarquèrent** les provisions sur le bateau.

The dock workers **loaded** the provisions on the boat.

Ils **embarquent** toujours quelque chose quand ils viennent ici.

They always **steal** something when they come here.

embarrasser
to hinder, bother; to embarrass

Ses doutes **embarrassent** les progrès de toute l'équipe.

His doubts **hinder / bother** the progress of the whole team.

Son comportement **embarrasse** les autres nobles.

His behavior **embarrasses** the other nobles.

embrasser
to kiss, embrace

Ces deux-là **s'embrassent** continuellement et presque partout.

These two are always **kissing /embracing** and almost everywhere.

émigrer
to emigrate

Mes grands-parents **émigrèrent** il y a cent ans.

My grandparents **emigrated** a hundred years ago.

emménager
to move (to)

Ma sœur **emménagea** dans l'appartement hier.

My sister **moved** into the apartment yesterday.

emmener
to take

La nounou **emmènera** les enfants au parc cet après-midi.

The nanny will **take** the children to the park this afternoon.

émoudre
to sharpen

Les chevaliers **émoudront** leurs épées avant la bataille.

The knights will **sharpen** their swords before the battle.

emparer (s')
to seize, grab

Les rebelles **s'emparèrent** du pouvoir ce matin.

The rebels **seized / grab** the power this morning.

empêcher
to prevent

Le médecin **empêche** le patient de s'endormir.

The doctor **prevents** the patient from falling asleep.

employer
to employ, use

Il **emploie** du jus de citron pour nettoyer les taches.

He **employs / uses** lemon juice to clean the stains.

emporter
to take

Les huissiers **emportent** tous les meubles de ma maison.

The bailiffs **take** all the furniture from my house.

empreindre
to imprint

Elle a **empreint** la forme de sa main dans l'argile.

She **imprinted** the shape of her hand in the clay.

empresser (s')
to hasten

Le directeur **s'empressa** de finir son discours.

The headmaster **hastened** to finish his speech.

emprunter
to borrow

Mon neveu **emprunte** toujours de l'argent à mes fils.

My nephew is always **borrowing** money from my sons.

encadrer
to frame; to train

Mon voisin **encadra** tous ses diplômes universitaires.

My neighbor **frame** all of his college degrees.

Le prof de physique **encadre** les élèves en mathématiques aussi.

The physics teacher also **trains** the students in mathmatics.

enclore
to enclose

Cet homme **enclos** sa fortune dans des coffres.

This man **encloses** his wealth in coffers.

encourager
to encourage

J'encourage ma femme à reprendre ses études.

I **encourage** my wife to resume her studies.

encourir
to incur

Le banquier **encours** la colère de son client.

The banker **incurs** the wrath of his client.

endommager
to damage

La collision **endommagera** la petite voiture.

The collision will **damage** the little car.

endormir
to put to sleep

La musique **endort** les enfants de mon voisin.

The music **puts** my neighbor's children **to sleep**.

enduire
to coat

Ma grand-mère **enduit** les pommes avec du caramel.

My grandmother **coats** the apples with toffee.

énerver
to irritate, annoy; to overexcite

Cette émission **énerve** les amis de ma sœur.

This broadcast **irritates / annoys** my sister's friends.

Le sucre **énerve** les enfants en bas âge.

Sugar **overexcites** the younger children.

enfermer
to shut/lock in, imprison

Le sheriff **enferme** les brigands dans une petite prison.

The sheriff **shut / locks** the bandits in a small jail.

The sheriff **imprisoned** the bandits in a small jail.

enfoncer
to thrust/stick/drive in

L'assassin **enfonça** le couteau dans le cœur de sa cible.

The assassin **thrust / stuck / drove** the knife **in** his target's heart.

enfreindre
to infringe

Cette décision **enfreint** les lois pénales.

This decision **infringes** on penal laws.

enfuir (s')
to run away

Les nouvelles recrues **s'enfuient** toujours après un mois.

The new recruits always **run away** after a month.

engager
to bind, to hire

Mon oncle **engage** toujours sa réputation à ses déclarations.

My uncle always **binds** his reputation to his declarations.

Mon patron **engagera** trois nouveaux techniciens.

My boss will **hire** three new technicians.

engloutir
to gobble, wolf down; to engulf

Les prédateurs **engloutissent** leurs proies sans hésiter.

Predators **gobble / wolf down / engulf** their prey without hesitation.

enjoindre
to enjoin

Le juge **enjoint** aux fermiers de payer les salaires.

The judge **enjoins** the farmers to pay the salaries.

enlever
to remove

Le dentiste **enlève** les dents mortes de ses patients.

The dentist **removes** the dead teeth of his patients.

ennuyer
to bore

Ce discours **ennuie** l'audience toute entière.

This speech is **boring** the whole audience.

énoncer
to express, state

Le notaire **énoncera** les conditions du contrat Samedi.

The notary will **express / state** the terms of the contract Saturday.

enquérir (s')
to inquire

Le facteur **s'enquiert** de l'état de santé de mon épouse.

The postman **inquires** about the health of my wife.

enregistrer
to register

Mon frère **enregistre** nos parents sur un réseau social.

My brother **registers** our parents on a social network.

enrichir
to enrich

La potasse **enrichit** ce type de terre.

Potassium **enriches** this kind of soil.

enseigner
to teach

Mon père **enseigne** le japonais à des diplomates.

My father **teaches** Japanese to diplomats.

ensuivre (s')
to ensue

Les vomissements continuent et la déshydratation **s'ensuit**.

The puking continue and dehydration **ensues**.

entendre
to hear

Les voisins **entendaient** le bruit de la bagarre.

The neighbors **heard** the fight's noise.

enterrer
to bury

Les natifs **enterrent** leurs morts sous des arbres.

The natives **bury** their dead under trees.

entourer
to surround; to rally around

Les soldats entourent leurs généraux avant l'assaut.

The soldiers surround / rally around their generals before the assault.

entraîner
to drag; to lead; to cause

Mon frère **entraîne** ses camarades sur le mauvais chemin.

My brother **drags / leads** his comrades down a bad path.

La présence de fer **entraine** le changement de couleur.

The presence of iron **causes** the change in color.

entreprendre
to undertake

Le chef de projet **entreprendra** la conversion des dossiers demain.

The chief of project will **undertake** the folder compression tomorrow.

entrer
to enter

Les rebelles **entrèrent** dans la ville à l'aube.

The rebels **entered** in the city at dawn.

entretenir
to look after

J'entretiens la fleur de mon collègue pendant son congé.

I **look after** my colleague's flower during his leave.

entrevoir
to glimpse

Le chasseur **entrevit** les lièvres depuis sa cachette.

The hunter **glimpsed** the hares from his hiding-place.

entrouvrir
to half-open

Le voleur **entrouvre** généralement la porte de la cuisine pour accéder à l'alarme.

The thief generally **half-opens** the kitchen door to access the alarm.

énumérer
to enumerate

Mes amis **énumérèrent** dix raisons de ne pas aller la voir.

My friends **enumerated** ten reasons not to go see her.

envahir
to invade

L'Empire **envahira** les Royaumes voisins avant la fin du siècle.

The Empire will **invade** neighboring Kingdoms before the end of the century.

envelopper
to envelop

Il **enveloppa** la fiole dans une chemise.

He **enveloped** the vial in a shirt.

envier
to envy

Mes camarades de classe **envient** ma relation avec les professeurs.

My classmates **envy** my relationship with the teachers.

envoler
to take flight

Les oiseaux **s'envolent** au moindre son.

The birds **take flight** at the least sound.

envoyer
to send

Mon père **envoie** une délégation tous les ans.

My father **sends** a delegation every year.

épargner
to spare

Les soldats **épargnèrent** les enfants de moins de huit ans.

The soldiers **spared** the children younger than eight years old.

épeler
to spell

J'épèle quelques fois les mots à mon assistante.

I sometimes **spell** words to my assistant.

épicer
to spice

La coupure de courant **épiçait** agréablement leur dîner.

The power shortage pleasantly **spiced** their dinner.

épier
to spy on; to watch closely

Sherlock **épia** la femme du docteur pendant des heures.

Sherlock **spied on / watched** the doctor's wife **closely**.

épouser
to marry

Ils **épousent** toujours des femmes riches.

They always **marry** rich women.

épreindre
to juice

Les fermiers **épreignent** les raisins après la récolte.

The farmers **juice** the grapes after the harvest.

éprouver
to test; to feel

Les males **éprouvent** la détermination des autres à survivre.

The males **test** the other's determination to survive.

Elle **éprouve** une douleur dans l'estomac.

She **feels** pain in the stomach.

épuiser
to exhaust, tire out

Les nomades **épuisèrent** leurs montures dans le desert.

The nomads **exhausted / tired out** their mounts in the desert.

équivaloir
to equal

Un gramme d'or **équivaut** à une centaine de leurs francs.

One gram of gold **equals** a hundred of their francs.

errer
to wander, roam

Les loups **errent** dans la forêt.

The wolves **wander / roam** the forest.

espérer
to hope

Les parents **espèrent** avoir des nouvelles de leurs enfants.

The parents **hope** for news of their children.

espionner
to spy on

Le gouvernement **espionne** les syndicalistes.

The government is **spying on** the unionists.

esquisser
to sketch, outline

Le peintre **esquissa** son visage sur la toile.

The painter **sketched / outlined** his face on the canvas.

essayer
to try

Ma sœur **essaye** de battre le record du monde.

My sister **tries** to beat the world record.

essuyer
to wipe

La serveuse **essuya** le comptoir avec un chiffon.

The barmaid **wiped** the counter with a cloth.

estimer
to appraise, assess; to esteem

Le notaire **estima** la valeur de la propriété.

The notary **appraised / assessed / esteemed** the value of the estate.

établir
to establish

Les colons **établissent** un avant-poste sur la colline.

The settler are **establishing** an outpost on the hill.

étaler
to spread, strew

Le shaman **étala** les grains sur le corps.

The shaman **spread / strewed** grain on the body.

éteindre
to extinguish

Les pompiers **éteignirent** le feu à l'aube.

The firemen **extinguished** the fire at dawn.

étendre
to stretch

Ce magicien **étend** les limites du réel.

This magician **stretches** the boundaries of reality.

éternuer
to sneeze

Elle **éternue** à cause de ses allergies.

She **sneezes** because of her allergies.

étonner
to astonish

La fin du film **étonna** tous les spectateurs.

The end of the movie **astonished** all the spectators.

étouffer
to suffocate, smother, choke

Elle **étouffait** ses patients avec des oreillers.

She **suffocated / smothered / choked** her patents with pillows.

étourdir
to stun, daze

La déflagration **étourdit** tout le régiment.

The explosion **stunned / dazed** the whole regiment.

être
to be

Elle **est** la tante de ma femme.

She **is** my wife's aunt.

étreindre
to embrace

Les cousins **étreignirent** leur mère quand ils la virent.

The cousins **embraced** their mother when they saw her.

étudier
to study

Mon fils **étudie** pour devenir médecin.

My son **studies** to become a doctor.

évaluer
to evaluate

La commission **évaluera** l'impact du projet sur l'environnement.

The commission will **evaluate** the impact of the project on environment.

évanouir (s')
to faint

La marquise **s'évanouit** à cause de la chaleur.

The Marchioness **fainted** because of the heat.

éveiller
to arouse, awaken, kindle

La vue du sang **éveilla** son instinct de prédateur.

The sight of blood **aroused / awakened / kindled** his predatory instincts.

éviter
to avoid

Le pilote **évita** l'accident par chance.

The pilot **avoided** the accident by chance.

exagérer
to exaggerate

Ma femme **exagère** quand elle parle de nos enfants.

My wife **exaggerates** when she speaks of our children.

examiner
to examine

Le légiste **examina** les plaies du cadavre.

The coroner **examined** the corpse wounds.

exciter
to arouse, excite

Les phéromones **excitent** les males.

The pheromones **arouse / excite** the males.

exclure
to exclude

La ségrégation **excluait** les enfants noirs des écoles.

The segregation **excluded** black children from schools.

excuser
to excuse; to exempt

Le recteur **excusa** mes absences.

The headmaster **excused** my absences.

Le professeur **excusa** mon fils des cours de théologie.

The teacher **exempted** my son from the theology classes.

exécuter
to carry out, execute

Le bourreau **exécuta** la sentence sans émotion.

The hangman **carried out / executed** the sentence emotionlessly.

exercer
to exercise (control), exert

Mon fils **exerce** une grande influence sur ses amis.

My son **exercises / exerts** great influence on his friends.

exiger
to demand

Les syndicalistes **exigent** une augmentation des salaires.

The unionists **demand** an increase of salaries.

exister
to exist

Les dinosaures **existèrent** il y a des millions d'années.

Dinosaurs **existed** millions of years ago.

expliquer
to explain

Le scientifique **expliqua** les conclusions de ses études.

The scientist **explained** the conclusions of his studies.

exploiter
to exploit; to farm; to run

Les colons **exploitèrent** les vertus de ce minerai.

The settlers **exploited** the virtues of this mineral.

Les natifs **exploitent** les terres fertiles.

The natives **farm** the fertile lands.

Mon grand-père **exploitait** la mine au sud.

My grandfather used to **run** the mine in the south.

exposer
to display, exhibit, show; to state

Le curateur **exposa** les toiles de Picasso dans le hall.

The curator **displayed / exhibited / showed** the paintings of Picasso in the hall.

Le conférencier **exposa** sa théorie aux chercheurs.

The lecturer **stated** his theory to the researchers.

exprimer
to express

Il **exprime** mal ses sentiments.

He **expresses** his feelings poorly.

fabriquer
to manufacture, fabricate

Les australiens **fabriquent** les meilleurs produits.

The Australians **manufacture / fabricate** the best products.

fabuler
to make up stories

Il **fabule** chaque fois qu'il est sur le point d'être puni.

He **makes up stories** each time he's about to get punished.

fâcher
to get angry

Le comportement de mon chien **fâcha** ma mère.

My dog's behavior **got** my mother **angry**.

faciliter
to facilitate

Ce breuvage **facilite** la digestion de la viande.

This beverage **facilitates** the digestion of meat.

façonner
to fashion, shape

Avec ses mains, il **façonna** un homme d'argile.

With his hands, he **fashioned / shaped** a man of clay.

faillir
to lack

Ce repas **manque** de sel et de piment.

This meal **lacks** of salt and pepper.

faire
to make, do

Mon oncle **fait** une cabane pour nous.

My uncle **make** a hut for us.

Ma sœur **fait** la même chose avec des fourchettes.

My sister **does** the same thing with forks.

falloir
to be necessary

Il **faudra** acheter des provisions pour l'hiver.

Buying provisions for winter **will be necessary**.

falsifier
to falsify

Ils **falsifient** leurs diplômes pour avoir du travail.

They **falsify** their diploma to get jobs.

farder
to put on makeup; to dress up

Les demoiselles se **fardèrent** de leur mieux pour la fête.

The ladies **put on makeup / dressed up** their best for the party.

fatiguer
to fatigue, tire

Le trajet **fatigua** tout le monde sauf le guide.

The trip **fatigued / tired** everyone but the guide.

faucher
to reap, mow; to flatten

Le camion **faucha** brutalement le facteur.

The truck **mowed / flattened** the postman brutally.

Les fermiers **fauchèrent** le blé en chantant.

The farmers **reaped** the wheat while singing.

favoriser
to favour

Mon patron **favorise** ses compatriotes.

My boss **favours** his countrymen.

feindre
to feign

Quand on lui demande, il **feint** l'ignorance.

When he is asked, he **feigns** ignorance.

féliciter
to congratulate

Mon patron **félicita** le couple pour leur mariage.

My boss **congratulated** the couple on their wedding.

fendre
to split, crack

Le coup **fendit** le rocher au milieu.

The blow **split / cracked** the boulder in the middle.

fermer
to close

Le pharmacien **ferma** sa boutique et rentra chez lui.

The druggist **closed** his shop and went home.

fesser
to spank

Mon professeur nous **fessait** quand nous faisions des erreurs.

My teacher used the **spank** us when we made mistakes.

feuilleter
to leaf through

L'inspecteur **feuilleta** le rapport pendant plusieurs minutes.

The inspector **leafed through** the report for several minutes.

fier
to depend on

Mon père se **fie** à sa nouvelle femme.

My father **depends on** his new wife.

figurer
to appear;

Ce personnage **figurera** dans le prochain numéro.

This character will **appear** in the next issue.

filer
to spin (out), to shadow

Les bergers **filent** la laine après l'hiver.

The herders **spin out** the wool after the winter.

Le détective **fila** le suspect pendant plusieurs heures.

The detective **shadowed** the suspect for many hours.

filtrer
to filter, screen

Le recruteur **filtre** les candidatures en utilisant certains critères.

The recruiter **filters / screens** the applications by using some criteria.

finir
to finish

Les jamaïcains **finissent** les courses les premiers.

The Jamaicans **finish** the races first.

fixer
to fix, fasten; to set (a date)

Le Parlement fixe les délais pour le vote du budget.

The Parliament **fixes / sets** the date for the vote of the budget.

Le technicien **fixe** les accessoires sur l'appareil principal.

The technician **fastens** the accessories to the main device.

flamber
to burn, blaze

Les forêts **flambent** à cause de la sécheresse.

The forests **burn / blaze** because of the drought.

flâner
to stroll; to lounge around

Les vacanciers **flânent** sur la plage.

The vacationers **stroll / lounge around** on the beach.

flatter
to flatter

L'escroc **flatta** sa victime avec beaucoup de talent.

The crook **flattered** his victim with great skill.

flirter
to flirt

La fille des voisins **flirtait** avec mon frère.

The neighbor's daughter used to **flirt** with my brother.

flotter
to float, flutter

Le bloc de glace **flottait** dans la mer.

The block of ice **floated** on the sea.

Notre drapeau **flottait** au vent au sommet de la tour.

Our flag **fluttered** in the wind at the top of the tower.

foncer
to charge; to darken; (inf) to rush

La cavalerie **fonça** sur l'infanterie ennemie.

The cavalry **charged** on the enemy infantry.

L'artiste **fonçait** les couleurs dans ses premières toiles.

The artist used to **darken** the colours in his first paintings.

Nous **fonçons** à la gare, nous sommes en retard.

We **rush** to the station, we are late.

fonder
to found

Après la bataille de Solferino, il **fonda** la Croix-Rouge.

After the battle of Solferino, he **founded** the Red Cross.

fondre
to melt

La glace **fond** toujours, c'est une question de temps.

Ice always **melts**, it's a matter of time.

forcer
to force

Les voleurs **forcèrent** la femme de ménage à se taire.

The thieves **forced** the housemaid to keep quiet.

forger
to forge, form

Pendant une semaine, il **forgea** une nouvelle épée.

During a week, he **forged** a new sword.

Les peines **forgent** le caractère d'une personne.

Hardships **form** a person's character.

former
to train; to develop; to form

Ils **formèrent** des centaines d'enfants à piloter des avions.

They **trained** hundreds of children to fly planes.

La pression de la terre **forma** cette structure étrange.

The pressure of the earth **developed / formed** this strange structure.

fortifier
to fortify, strengthen

Les nobles **fortifièrent** leurs châteaux après la guerre.

The nobles **fortified / strengthened** their castles after the war.

fouetter
to whip, lash, flog

Le contremaître **fouetta** Django dix fois.

The taskmaster **whipped / lashed / flogged** Django ten times.

fouiller
to dig deeply, to search through

Les archéologues **fouillèrent** dans les sites d'Egypte.

The archeologists **digged** deeply in the Egyptian sites.

Il **fouilla** les livres à la recherché d'un indice.

He **searched through** the books looking for a clue.

fouiner
to snoop

Mes parents **fouinent** dans mes sacs.

My parents **snoop** in my bags.

fournir
to furnish, provide

La corporation **fournit** des véhicules à ses employés.

The corporation **furnishes / provides** vehicles to its employees.

fourrer
to stuff, fill

Le Chef **fourra** la dinde de pommes.

The Chef **stuffed / filled** the turkey with apples.

foutre (slang)
to do, put

Il **fout** toujours des pièges dans ses exercices.

He always **puts** traps in his exercises.

Il ne **foutra** rien pendant tout le trajet.

He won't **do** anything during the whole trip.

franchir
to cross, get over, overcome

Les migrants **franchissent** de dangereux obstacles pour arrive ici.

The migrants **cross / get over / overcome** dangerous obstacles to get here.

frapper
to knock

Elle **frappe** sur la table quand elle se fâche.

She **knocks** on the table when she get angry.

frémir
to shudder

Les enfants **frémirent** à l'idée de voyager seuls.

The children **shuddered** at the idea of traveling alone.

fréquenter
to go to, frequent

C'est une bibliothèque que je **fréquentais**.

It's a library I used **to go to / frequent**.

frire
to fry

Ma mère **frit** le poisson dans de l'huile végétale.

My mother **fries** fish in vegetable oil.

friser
to curl

L'eau a **frisé** les cheveux de sa femme.

The water **curled** his wife's hair.

frissonner
to quake, tremble, shudder

Les explorateurs **frissonnaient** à cause du froid.

The explorers **quaked / trembled / shuddered** because of the cold.

frotter
to rub, scrape

Ils **frottaient** leurs mains pour se réchauffer.

They **rubbed / scraped** their hands together to warm up.

fructifier
to bear fruit, be productive

L'expédition **fructifierait** s'ils trouvaient un endroit pour dormir.

The expedition would **bear fruit / be productive** if they found a place to sleep.

fuir
to flee

Les natifs **fuyaient** quand ils les voyaient.

The natives **fled** when they saw them.

fumer
to smoke

Ils **fumaient** pour éviter de geler entièrement.

They **smoked** to avoid freezing completely.

fuser
to gush, burst forth

Le pétrole **fusait** du sol en permanence.

Oil **gushed / burst forth** from the earth continuously.

gâcher
to waste, spoil; mix

Le maçon **gâcha** le plâtre avec de l'eau.

The bricklayer **mixed** plaster with water.

Elle **gâche** accidentellement nos efforts.

She accidentally **spoils / wastes** our efforts.

gagner
to win, earn

Il **gagnera** toutes les récompenses si nous le laissons participer.

He will **earn / win** all the awards if we let him take part.

garantir
to guarantee

La compagnie **garantit** un remboursement en cas d'erreur.

The company **guarantees** a refund in case of error.

garder
to keep

Elle **garde** les enfants pendant qu'on dîne.

She **keeps** the children while we dine.

garer
to park

Le visiteur **gara** sa voiture sur la pelouse.

The visitor **parked** his car on the lawn.

garnir
to equip; to fill, stock; to garnish

Le cuisinier **garnissait** les repas d'épices orientales.

The cook **garnished** the meals with oriental spices.

Le fabricant **garnit** ces appareils de nouveaux processeurs.

The manufacturer **fills / equips / stocks** these devices with new processors.

gaspiller
to waste

Les étrangers **gaspillent** l'eau quand ils viennent ici.

The foreigners **waste** water when they come here.

gâter
to spoil

La chaleur **gâte** les pâtisseries très vite.

Heat **spoils** pastries very fast.

geindre
to groan

Le malade **geignait** à cause de la douleur.

The sick man **groaned** because of the pain.

geler
to freeze

Les appareils **gèleront** si ça continue.

The devices will **freeze** if it continues.

gémir
to moan, groan, creak

Les patients **gémissaient** à cause du traitement.

The patients **moaned / groaned** because of the treatment.

Le plancher **gémissait** sous son poids.

The floor **creaked** under its weight.

gêner
to bother

Les cris des mourants **gênaient** la nouvelle recrue.

The cries of the dying **bothered** the new recruit.

gercer
to chap, crack

Le froid **gerçait** les lèvres de ses enfants.

The cold **chapped / cracked** his children's lips.

gérer
to manage

Son fils **géra** le cirque après sa mort.

His son **managed** the circus after his death.

gésir
to lie down

Les blesses **gisaient** sur le sol.

The wounded were **lying down** on the ground.

glacer
to chill, freeze

Ma tante **glace** toujours la limonade avant de servir.

My aunt always **chills / freezes** the lemonade before pouring.

glisser
to slide, slip

Son pied **glissa** sur le savon qui était tombé.

His foot **slid / slipped** on the soap that had fallen.

gonfler
to inflate, swell

Son bras **gonfla** là où la fourmi l'avait piqué.

His arm **inflated / swelled** where the ant had bit him.

goûter
to taste

Le critique **goûta** à tous les plats sans rien dire.

The critic **tasted** all the plates without saying a word.

gouverner
to govern

Les présidents **gouvernent** le peuple qui les a élus.

The presidents **govern** the people that elected them.

grandir
to grow

Cet arbre **grandit** bien depuis qu'il reçoit du fumier.

This tree **grows** well since he started receiving manure.

gratter
to scratch, grate

Le chat **gratte** tous mes meubles.

The cat **scratches / grates** all my furniture.

grêler
to hail

Il **grêlera** demain au crépuscule.

It will **hail** tomorrow at sunset.

grelotter
to shiver

Les enfants **grelottèrent** toute la nuit.

The kids **shivered** all night long.

grimper
to climb

Les chimpanzés **grimpèrent** sur la tour.

The chimpanzees **climbed** on the tower.

grincer
to grate, creak

La porte de fer **grinça** avant de s'ouvrir.

The iron door **grated / creaked** before opening.

grogner
to grumble, moan

Mon voisin **grogne** chaque fois qu'il doit payer la cotisation.

My neighbor **grumbles / moans** every time he has to pay the subscription.

gronder
to scold

Ma collègue **gronde** ses enfants quand ils visitent sans prévenir.

My colleague **scolds** his children when they visit without warning.

grossir
to gain weight

Ma sœur **grossissait** quand elle mangeait chez notre mère.

My sister used to **gain weight** when she at our mother's place.

grouper
to group, pool

Les scientifiques **groupent** les échantillons avant de commencer.

The scientists **group / pool** the samples before beginning.

guérir
to cure

Ce traitement **guérit** les maladies virales.

This treatment **cures** viral diseases.

guetter
to watch;

Les soldats **guettèrent** la frontière pendant l'hiver.

The soldiers **watched** the frontier during the winter.

guider
to guide

Il **guide** les touristes dans les catacombes parisiennes.

He **guides** tourists into the Parisian catacombs.

habiller
to dress

Elle **habille** ses enfants comme des célébrités.

She **dresses** her children as celebrities.

habiter
to live

J'habite dans une maison abandonnée.

I **live** in an abandoned house.

habituer
to accustom s.o.

Le fermier **habitue** ses chiens à la vue du sang.

The farmer **accustoms** his dogs to the sight of blood.

haïr
to hate

Il **hait** la nouvelle femme de son père.

He **hates** his father's new wife.

haleter
to pant

Le cheval **haletait** beaucoup après la course.

The horse was **panting** a lot after the race.

hanter
to haunt

Son fantôme **hante** la maison où il est mort.

His ghost **haunts** the house where he died.

harceler
to harass

Mon patron **harcèle** les femmes qui travaillent pour lui.

My boss **harasses** the women who work for him.

hasarder
to risk, hazard; to gamble

Il **hasarda** l'entièreté de sa fortune sur une course the chevaux.

He **risked / hazarded / gambled** his whole fortune on a horse race.

hâter
to hasten

Les nouveaux appareils **hâtèrent** le travail de l'équipe.

The new devices **hastened** the work of the team.

hausser
to raise

Le maire **haussa** la voix pour se faire entendre de tous.

The mayor **raised** his voice so he would be heard by all.

hériter
to inherit, get

Mon cousin **héritera** un hôtel de sa grand-mère.

My cousin will **inherit / get** a hotel from his grandmother.

hésiter
to hesitate

J'hésite à lui dire la vérité sur ses parents.

I **hesitate** to tell him to truth on his parents.

heurter
to hit, strike; to offend

Le véhicule **heurta** brutalement un animal.

The vehicle brutally **hit / struck** an animal.

Les paroles de l'intrus **heurtèrent** les nobles.

The words of the intruder **offended** the nobles.

honorer
to honor; to be a credit to

Le comportement de cet enfant **honore** ses parents.

This child's behavior **honors / is a credit to** his parents.

hoqueter
to hiccup

La jeune fille **hoqueta** pendant tout le trajet.

The young lady **hiccupped** during the whole trip.

humilier
to humiliate

Les brutes **humilièrent** le jeune garçon devant toute l'école.

The bullies **humiliated** the young man in front of the whole school.

hurler
to scream, shriek

Ma sœur **hurla** quand elle entra dans sa chambre.

My sister **screamed / shrieked** when she entered her room.

identifier
to identify

Le témoin **identifia** la personne qu'il avait vue avec certitude.

The witness **identified** the person he had seen with certitude.

ignorer
to be unaware of

Mon oncle **ignore** que sa femme est à l'hôpital.

My uncle **is unaware** that his wife is in the hospital.

illuminer
to light up, illuminate

Les feux d'artifice **illuminèrent** le ciel.

The fireworks **lit up / illuminated** the sky.

illustrer
to illustrate

J'illustre des livres pour enfants depuis vingt ans.

I **illustrate** children books since twenty years ago.

imaginer
to imagine

Certains enfants **imaginent** des amis invisibles.

Some children **imagine** invisible friends.

imiter
to imitate

Le singe **imita** ma sœur à la perfection.

The monkey **imitated** my sister perfectly.

immigrer
to immigrate

De nombreuses familles **immigrèrent** à la recherche d'emplois.

Many families **immigrated** looking for jobs.

impliquer
to imply; to implicate

La déclaration du ministre **implique** une baisse des pensions.

The Minister's declaration **implies** a decrease of pensions.

Le conflit **impliqua** de nombreux pays voisins.

The conflict **implicated** many neighboring countries.

implorer
to implore

Les prisonniers **imploraient** en vain la pitié de leurs geôliers.

The prisoners vainly **implored** pity from their jailers.

importer
to matter ; to import

La présence de fer **importe** peu, le forage doit continuer.

The presence of iron does not **matter**, le drilling must continue.

Ma société **importe** des chèvres des Andes.

My company **imports** goats from the Andes.

imposer
to impose

Les multinationales **imposent** leurs prix aux pays pauvres.

Multinationals **impose** their prices on poor countries.

impressionner
to impress

La qualité du travail **impressionna** les clients.

The quality of the work **impressed** the clients.

imprimer
to print

Le designer **imprime** diverses propositions pour son client.

The designer **prints** various propositions for his client.

inciter
to encourage, prompt, incite

Son discours **incite** les gens à se rebeller.

His speech **encourages** / **prompts** / **incites** people to rebel.

incliner
to tilt; to be inclined to

La secousse **inclina** les tableaux de toute la gallérie.

The tremor **tilted** all the paintings of the gallery.

La présence de caméras **inclinait** les députés à être généreux.

The presence of cameras **inclined** the members of parliament to be generous.

inclure
to include

La société **inclut** des fleurs dans les cadeaux.

The company **includes** flowers in the gifts.

incorporer
to incorporate

La colonie **incorpora** les lois traditionnelles à leurs pratiques.

The colony **incorporated** traditional laws to its practices.

indiquer
to indicate

Tout **indique** la présence d'un prédateur dans la région.

Everything **indicates** the presence of a predator in the region.

induire
to mislead

Les rumeurs **induisirent** la plupart de mes voisins en erreur.

The rumors **mislead** most of my neighbors.

infecter
to infect

Les microbes **infectent** les plaies ouvertes.

Microbes **infect** open wounds.

inférer
to infer

Le détective **inféra** la complicité du mari de la victime.

The detective **inferred** the complicity of the victim's husband.

infliger
to inflict

Les australiens **infligèrent** une défaite à l'équipe française.

The Australians **inflicted** a defeat to the French team.

influencer
to influence

Cette famille **influence** de beaucoup de personnes grâce à sa fortune.

This family **influences** a lot of people thanks to its wealth.

informer
to inform

Le technicien **informa** son supérieur de la fuite.

The technician **informed** his superior of the leak.

initier
to initiate

Les males **initient** le rituel nuptial dès le début du printemps.

The males **initiate** the nuptial rituals at the beginning of spring.

inonder
to flood

Les pluies **inondèrent** des nombreuses villes cette année.

The rains **flooded** many towns this year.

inquiéter
to worry

La crue **inquiète** tous les colons.

The flood **worried** all of the settlers.

inscrire
to write down

Il **inscrivit** toutes les dépenses du mois en cours.

He **wrote down** all of the expenses for the current month.

insinuer
to insinuate

La rumeur **insinue** que nous sommes en des voleurs.

The rumor **insinuates** that we are thieves.

insister
to insist

Nous **insistons** sur le besoin urgent de rénover le pont.

We **insist** on the urgent need to renovate the bridge.

inspecter
to inspect

Les scientifiques **inspectèrent** la scène du crash.

The scientists **inspected** the scene of the crash.

inspirer
to inspire

Lire de ces livres **inspira** des centaines d'enfants.

Reading these books **inspired** hundreds of children.

installer
to set up, get settled

Le technicien **installera** l'antenne demain matin.

The technician will **set up** the antenna tomorrow morning.

Ils se sont **installés** au pied de la colline.

The **got settled** at the foot of the hill.

instruire
to instruct

L'ancien soldat **instruisait** les enfants dans l'art du camouflage.

The former soldier **instructed** the children in the art of camouflage.

insulter
to insult

Les membres de cette secte **insultent** les mendiants qu'ils voient.

The members of this sect **insult** the beggars they see.

interdire
to forbid

Ma mère **interdit** à mes frères de rentrer dans ma chambre.

My mother **forbids** my brothers from entering in my room.

intéresser
to interest

L'affiche postée sur le mur **intéressait** de nombreux étudiants.

The notice posted on the wall **interested** many students.

interpréter
to interpret

Le critique **interpréta** la fin du film comme une métaphore de l'éternité.

The critic **interpreted** the end of the movie as a metaphor for eternity.

interroger
to interrogate

Le détective **interrogea** le suspect pendant des jours.

The detective **interrogated** the suspect for days.

interrompre
to interrupt

La télévision nationale **interrompt** le journal pour diffuser des nouvelles urgents.

The national television **interrupts** the news in order to broadcast urgent news.

intervenir
to intervene

L'arbitre **intervint** lorsque le combat devint trop violent.

The referee **intervened** when the fight became too violent.

intimider
to intimidate

Les enfants les plus forts **intimident** parfois les plus fragiles.

The stronger children sometimes **intimidate** the fragile ones.

introduire
to introduce

La machine **introduit** de nouveaux paramètres dans les calculs.

The machine **introduces** new parameters to the calculation.

invalider
to invalidate

Le laboratoire chinois **invalida** les conclusions de mon rapport.

The Chinese laboratory **invalidated** the conclusions of my report.

inventer
to invent

En plus de l'ampoule il **inventa** des centaines d'appareils.

In addition to the light bulb, he **invented** hundreds of devices.

inviter
to invite

Après quelques minutes je **l'inviterai** à danser.

After a few minutes I will **invite** her to dance.

irriter
to irritate

Le bruit constant **irritait** tous les participants.

The constant noise **irritated** all of the participants.

isoler
to isolate; to insulate

Cette couche de sable **isolera** l'ensemble de la structure.

This layer of sand will **isolate** / **insulate** the whole structure.

jaillir
to spurt out

Le pétrole **jaillit** du sol avec une force surprenante.

The oil **spurted out** from the ground with surprising force.

jalonner
to line, to stake out,

Les géologues **jalonnèrent** le périmètre de bornes lumineuses.

The geologists **lined / staked out** the perimeter with lighted boudary markers.

jardiner
to garden

Ma grand-mère **jardine** pour se relaxer.

My grandmother **gardens** in order to relax.

jaser
to chatter, gossip, prattle

Après la fête, beaucoup de personnes **jasèrent** sur le nouveau couple.

After the party, a lot of people **chattered / gossiped / prattled** about the new couple.

jaunir
to turn yellow

Le paludisme **jaunissait** la peau du touriste un peu plus chaque jour.

Malaria was **turning** the tourist's skin **yellow** a little more each day.

jeter
to throw

La famille du défunt **jeta** des fleurs dans la rivière.

The family of the deceased **threw** flowers into the river.

jeûner
to fast

Ces hommes **jeûnent** plusieurs jours d'affilé.

These men **fast** many days in a row.

joindre
to join

Elle **joignit** ses mains et commença à pria.

She **joined** her hands and began to pray.

jouer
to play

Les enfants **jouent** aux cowboys et aux aliens.

The kids are **playing** cowboys and aliens.

jouir
to enjoy

Après le procès, elle **jouira** de toute la fortune de son ex-époux.

After the trial, she will **enjoy** all the wealth of her ex-spouse.

juger
to judge

Mes voisins **jugèrent** que mon chien était trop dangereux après l'incident.

My neighbors **judged** that my dog was too dangerous after the incident.

jurer
to swear, vow

Le témoin **jura** sur la Bible de dire toute la vérité.

The witness **swore / vowed** on the Bible to tell the whole truth.

justifier
to justify

Le militant **justifia** son acte dans une lettre de cent pages.

The militant **justified** his act in a hundred pages long letter.

kidnapper
to kidnap

Un groupe d'hommes **kidnappa** des centaines de filles.

A group of men **kidnapped** hundreds of girls.

klaxonner
to honk

Le camionneur **klaxonna** plusieurs fois.

The trucker **honked** many times.

labourer
to plow, dig

Les ouvriers saisonniers **labourèrent** pendant des heures.

The seasonal workers **plowed / dug** for hours.

lâcher
to release, to let loose, to loosen

Personne ne sait qui **lâcha** les chiens.

No one knows who **let** the dogs **loose**.

No one knows who **released** the dogs.

Le matelot **lâcha** un peu les cordages pour faciliter la manœuvre.

The sailor **loosened** the rigging a bit to ease the maneuver.

laisser
to leave

Les enfants **laissèrent** leurs jouets dehors.

The children **left** their toys outside.

lamenter (se)
to lament

Mon père se **lamente** sur la situation du pays.

My father **laments** on the country's situation.

lancer
to throw

Le joueur **lança** la balle à son coéquipier.

The player **threw** the ball to his teammate.

laver
to wash

Les enfants **lavèrent** la voiture de leur père.

The children **washed** their father's car.

lécher
to lick

Je **lèche** encore mes doigts après avoir mangé de la pizza.

I still **lick** my fingers after eating pizza.

lever
to lift

Certains athlètes **lèvent** cent kilos.

Some athletes **lift** a hundred kilos.

lier
to bind, link

Le forgeron **lia** les deux extrémités de la chaîne.

The smith **bound / linked** both extremities of the chain together.

limer
to file (nails)

Elle **limait** les ongles de ses clientes à la perfection.

She **filed** her client's nails perfectly.

limiter
to limit

La commission **limitera** le nombre d'assistants par laboratoire.

The commission will **limit** the number of assistants per laboratory.

lire
to read

Elle **lisait** déjà de livres de mille pages quand elle avait douze ans.

She was already **reading** thousand pages books when she was twelve.

livrer
to deliver

Le coursier **livra** tous les colis en moins d'une heure.

The messenger **delivered** all of the parcels in less than an hour.

loger
to lodge

L'assaillant **logea** le couteau dans l'épaule de sa victime.

The assailant **lodged** the knife in his victim's shoulder.

Nous **logeons** six orphelins dans notre maison.

We **lodge** six orphans in our house.

longer
to border; to go along

La rivière **longe** le territoire des natifs.

The river **borders / goes along** the territory of the natives.

louer
to rent

Ma tante **loue** un chalet dans les Alpes.

My aunt **rents** a chalet in the Alps.

luire
to shine

Les chaussures **luisaient** après avoir été cirées.

The shoes **shined** after being waxed.

lutter
to struggle, wrestle

Les oursons **luttaient** entre eux pour tester leur force.

The bear cubs **struggled / wrestled** among themselves to test their strength.

mâcher
to chew

Le shaman **mâcha** des herbes avec du sel et du grain.

The shaman **chewed** some herbs with salt and grain.

maigrir
to lose weight

Elle **maigrit** beaucoup à cause de sa maladie.

She **loses** a lot of **weight** because of her illness.

maintenir
to maintain

Ce dispositif **maintient** la température stable dans la pièce.

This device **maintains** the temperature stable in the room.

malmener
to manhandle, be rough

La police **malmena** les manifestants.

The police **manhandled** the protesters.

The police was **rough** with the protesters.

maltraiter
to mistreat

Les mauvais parents **maltraitent** leurs enfants.

Bad parents **mistreat** their children.

mandater
to appoint, commission

Le président **mandate** des experts pour un audit des comptes.

The president **appointed / commissioned** experts for an audit of the accounts.

manger
to eat

Nous **mangerons** de la tarte au dessert.

We will **eat** pie for dessert.

manier
to handle; to use

L'expert **mania** l'équipement sans le moindre problème.

The expert **handled / used** the equipment without the slightest problem.

manifester
to show, indicate

Le suspect **manifesta** un gène considérable à la vue du corps.

The suspect **showed / indicated** serious unease at the sight of the body.

manipuler
to manipulate

Les escrocs **manipulèrent** le vieil homme pour qu'il signe le contrat.

The crooks **manipulated** the old man so that he would sign the contract.

manquer
to miss

L'archer **manqua** sa cible pour la troisième fois.

The archer **missed** his target for the third time.

maquiller
to put make-up on s.o.

Mes filles se **maquillent** beaucoup trop à mon avis.

My daughters **put** too much **make-up on** in my opinion.

marchander
to bargain, haggle

Les nomades **marchandaient** les prix de chaque produit.

The nomads **bargained / haggled** the prices of each product.

marcher
to walk, to function

Le voleur **marchait** lentement pour éviter de faire de bruit.

The thief **walked** slowly to avoid making noise.

La nouvelle grue **marche** très bien.

The new crane **functions** very well.

marier
to marry

Ma mère **maria** ma sœur à un commerçant étranger.

My mother **married** my sister to a foreign merchant.

marquer
to mark, indicate

Cet arbre **marque** la limite des terres du clan.

This tree **marks / indicates** the limit of the clan's lands.

mastiquer
to chew ;

Le chien **mastiqua** toutes mes chaussures pendant la nuit.

The dog **chewed** all my shoes during the night.

méconnaître
to not recognize

Le docteur **méconnut** les symptômes de la maladie.

The doctor **did not recognize** the symptoms of the sickness.

médire
to malign; to slander

Elles **médisent** ma mère parce qu'elles sont jalouses.

They **malign / slander** my mother because they are jealous.

méditer
to meditate

Le moine **médita** plusieurs jours avant de descendre de la montagne.

The monk **meditated** many days before coming down of the mountain.

méfier (se)
to mistrust ; to be wary of

Les animaux se **méfient** des hommes.

Animals **mistrust / are wary** of humans.

mélanger
to mix

Mélanger le fer à ce minerai est une erreur.

Mixing iron with this ore is a mistake.

mêler
to mix, mingle, muddle

Mon père **mêler** souvent le travail et le plaisir.

My father often **mixed / mingled / muddled** work and pleasure.

menacer
to threaten

Les bandits **menacent** de tuer des otages toutes les heures.

The bandits **threaten** to kill hostages every hour.

ménager
to handle carefully

Le voyageur **ménageait** sa monture.

The traveler **handled** his mount **carefully**.

mendier
to beg for

Les aveugles **mendient** pour de l'argent parfois dans les rues de la ville.

The blind sometimes **beg for** money in the streets of the town.

mener
to lead

Il **mène** une vie exemplaire depuis sa conversion.

He **leads** an exemplary life since his conversion.

Le berger **mena** son troupeau à l'abattoir.

The herdsman **led** his herd to the slaughterhouse.

mentionner
to mention

Mon père **mentionnait** souvent une fille qu'il avait aimée dans son enfance.

My father used to **mention** a girl he had loved in his childhood.

mentir
to lie

Mes enfants **mentent** parfois à la nounou.

My children **lie** to the nanny sometimes.

méprendre
to mistake

Le stagiaire **méprit** les flacons de sel pour du sucre.

The trainee **mistook** the salt bottles for sugar.

mépriser
to scorn

La noblesse **méprisait** les paysans autant que les paysans les **méprisaient**.

The nobility **scorned** the peasants as much as the peasants **scorned** them.

mériter
to merit

Cet homme **mérite** une médaille d'honneur.

This man **deserves** a medal of honor.

mesurer
to measure

Le charpentier **mesura** deux fois, puis coupa le bois.

The carpenter **measured** twice, then cut the wood.

mettre
to put

Ma mère **pose** les bonbons au sommet de l'armoire de la cuisine.

My mother **puts** the candy on top of the kitchen's cupboard.

meubler
to furnish

Les citadins **meublent** leurs maisons avec de l'acajou.

Town dwellers **furnish** their houses with mahogany.

mirer (se)
to look at oneself

Ma sœur **se mire** de l'aube au crépuscule.

My sister **looks at herself** from dawn to dusk.

modérer
to moderate

Les manifestants **modérèrent** leurs propos.

The protesters **moderated** their words.

moderniser
to modernize

Le gouvernement **modernisera** les chemins de fer en seulement trois ans.

The government will **modernize** the railroads in just three years.

modifier
to modify

Le chef de projet **modifie** les objectifs toutes les semaines.

The project chief **modifies** the goals every week.

moduler
to modulate, inflect, adjust

Le technicien **modula** le signal pour élargir la portée.

The technician **modulated / inflected / adjusted** the signal to broaden the range.

moissonner
to harvest, reap

Le moment venu, ils **moissonnèrent** tout le blé des champs.

When the time came, they **harvested / reaped** all the wheat of the fields.

monter
to climb

Le peintre **monta** l'échelle avec prudence.

The painter **climbed** the ladder carefully.

montrer
to show

La femelle **montre** ses plumes pour séduire le mâle.

The female **shows** her feathers to seduce the male.

moquer (se)
to mock

Les enfants **se moquent** les uns des autres.

The kids **mock** one another.

mordre
to bite

Les chiens **mordent** uniquement quand ils sont menacés.

Dogs only **bite** when they are threatened.

moucher
to blow s.o.'s nose

Le nouveau-venu **moucha** le nez du petit garçon.

The newcomer **blew** the little boy's **nose**.

moudre
to mill, grind

Les femmes **meulent** le grain dans des meules de granite.

The women **mill / grind** the grain on grindstones made of granit.

mouiller
to wet

Les chasseurs **mouillaient** leurs vêtements pour se rafraîchir.

The hunters **wetted** their clothes to cool themselves.

mourir
to die

Il **mourut** à l'âge de soixante-neuf ans.

He **died** at the age of sixty-nine.

multiplier
to multiply

Tes élèves **multiplient** les nombres correctement.

Your students **multiply** numbers correctly.

munir
to provide, fit, equip

Notre supérieur **munissait** les troupes en armes illégales.

Our superior **provided / fit / equipped** the troops with illegal weapons.

murmurer
to murmur

Ma mère me **murmura** discrètement le code secret.

My mother discreetly **murmured** the secret code to me.

mystifier
to mystify

Les charlatans **mystifiaient** les villageois avec de faux miracles.

The charlatans **mystified** the villagers with fake miracles.

nager
to swim

Il **nage** avec les dauphins chaque fois qu'il peut.

He **swims** with dolphins every time he can.

naître
to be born

Il **naîtra** dans une famille où personne ne croit en la réincarnation.

He **will be born** in a family where no one believes in reincarnation.

narrer
to narrate

Mon grand-père **narra** sa rencontre avec un lion.

My grandfather **narrated** his encounter with a lion.

naviguer
to navigate

Les marins **naviguent** sans repères parce que le phare a brûlé.

The sailors **navigate** without landmarks because the lighthouse burned down.

négliger
to neglect

Ma voisine **néglige** ses neveux quand ils lui rendent visite.

My neighbor **neglects** her nephews when they visit her.

négocier
to negotiate

Le gouvernement **négociera** peut-être avec les terroristes.

The government **will** maybe **negotiate** with the terrorists.

neiger
to snow

Il **neige** depuis un mois.

It has been **snowing** for a month.

nettoyer
to clean

Certains détergents **nettoient** mieux les tâches que d'autres.

Some detergents **clean** stains better than others.

neutraliser
to neutralize

Les soldats **neutralisèrent** les troupes rebelles dans le Sud.

The solders **neutralized** the rebel troops in the South.

nier
to deny

Elle **nie** encore l'existence d'une forme de vie inconnue.

She still **denies** the existence of an unknown life form.

noircir
to blacken

Le feu **noircit** tous les objets en métal qu'on avait.

The fire **blackened** all the metal objects that we had.

noliser
to charter

L'explorateur **nolisa** trois bateaux pour l'expédition.

The explorer **chartered** three ships for the expedition.

nommer
to name

Les colons **nommèrent** la montagne du nom de leur Reine.

The settlers **named** the mountain after their Queen.

noter
to write down

Les élèves **notèrent** tous les conseils de leur professeur.

The students **wrote down** all of their teacher's advice.

notifier
to notify

L'huissier **notifie** les personnes concernées par la convocation.

The bailiff **notifies** the people concerned by the summons.

nouer
to tie, knot

Les marins **nouèrent** les extrémités des cordes pour faire un filet.

The sailors **tied / knotted** the extremities of the ropes to make a net.

nourrir
to feed

Ils **nourrissent** les bébés avec du lait de chèvre.

They **feed** the babies with goat milk

noyer
to drown

Son ancêtre **noya** un homme dans cet étang.

His ancestor **drowned** a man in this pond.

nuire
to harm

Son comportement **nuisait** à toute l'équipe.

His behavior **harmed** the whole team.

obéir
to obey

Tous ces phénomènes **obéissent** aux lois de la nature.

All these phenomena **obey** to the laws of nature.

obliger
to oblige

Les colons **obligèrent** les natifs à cultiver la terre.

The settlers **obliged** the natives to cultivate the land.

obscurcir
to darken, obscure

L'éclipse **obscurcit** toute la ville.

The eclipse **darkened / obscured** the whole town.

observer
to observe

Les astronomes **observèrent** le ciel pendant des siècles.

The astronomers **observed** the sky for centuries.

obstiner (s')
to insist, be obstinate

Les membres du congrès **s'obstinent** à voter la loi.

The congressmen **insist / are obstinate** on voting the law.

obtenir
to obtain

Les syndicalistes **obtinrent** un report des élections.

The unionists **obtained** a report of elections.

obvier
to take precautions

Les mineurs **obvièrent** à l'effondrement des galléries.

The miners **took precautions** against the collapse of the galleries.

occlure
to block passage through

Les fragments **occluaient** la veine principale.

The fragments **blocked passage through** the main vein.

occuper
to occupy

Les protestants **occupèrent** la rue en face du ministère.

The protesters **occupied** the street in front of the Ministry.

octroyer
to grant, bestow

L'université **octroie** trente bourses chaque année.

The university **grants / bestows** thirty scholarships each year.

offenser
to offend

L'humoriste **offensait** plus de personnes qu'il amusait.

The humorist **offended** more people than he amused.

officier
to officiate

Le maire **officie** pour les mariages.

The mayor **officiates** for the weddings.

offrir
to offer

Les nouveaux voisins **offrirent** des tartes au jeune couple.
The new neighbors **offered** pies to the young couple.

oindre
to anoint

Le roi **oindra** les chevaliers demain à l'aube.

The king will **anoint** the knights tomorrow at dawn.

omettre
to omit, to forget,

Les stagiaires **omirent** de fermer la valve avant de partir.

The trainees **omitted / forgot** to close the valve before leaving.

opérer
to operate

L'escouade **opéra** dans le Sud-Soudan pendant la guerre.

The squad **operated** in South Sudan during the war.

opposer
to oppose

Les deux partis **opposèrent** la proposition du gouvernement.

Both parties **opposed** the government's proposal.

opprimer
to oppress

Les romains **opprimaient** certains des peuples conquis.

The romans **oppressed** some of the conquered people.

opter
to opt, choose

Le client **opta** pour une assurance simple.

The client **opted / chose** a simple insurance.

ordonner
to arrange, organize

Les employés **ordonnèrent** les dossiers par ordre alphabétique.

The employees **arranged / organized** the folder by alphabetic order.

organiser
to organize

Ma mère **organise** tous les mariages dans la famille.

My mother **organizes** all the marriages in the family.

orienter
to orient; to position

Le vieil homme **orienta** les touristes vers un hôtel discret.

The old man **oriented** the tourists to a discreet hotel.

Le jardinier **orienta** les fleurs vers l'Est.

The gardener **oriented** / **positioned** the flowers to the East.

orner
to decorate, adorn

Ma femme **orna** la maison avec les souvenirs achetés au Bénin.

My wife **decorated / adorned** the house with the souvenirs bought in Benin.

oser
to dare

Le jeune homme **osa** défier le chef de clan.

The young man **dared** to defy the clan chief.

ôter
to remove, take away

Les dentistes **ôtèrent** les dents cariées.

The dentists **removed / took** away the bad teeth.

oublier
to forget

Il **oublia** les détails de l'accident.

He **forgot** the details of the accident.

outrepasser
to exceed, surpass, overstep

Cet appareil **outrepassa** nos attentes.

This device **exceeded / surpassed / overstepped** our expectations.

ouvrir
to open

Quand tout le monde **arriva**, ils ouvrirent la lettre.

When everyone **arrived**, they opened the letter.

pacifier
to pacify

Les troupes de l'empirent **pacifièrent** le nord du pays.

The troops of the Empire **pacified** the North of the country.

pâlir
to become pale, fade

Ma femme **pâlit** à la vue du sang.

My wife **pales / fades** at the sight of blood.

paraître
to seem

Les épées **paraissaient** traverser le corps du magicien.

The swords **seemed** to go through the body of the magician.

parcourir
to cover, travel

Les touristes **parcoururent** la Route de la Soie.

The tourists **covered / traveled** the Silk Road.

pardonner
to forgive

Le chef de clan **pardonna** le manque de respect de l'étranger.

The clan chief **forgave** the foreigner's lack of respect.

parer
to prepare for; to fend off

Mon père **para** à toutes les éventualités.

My father **prepared** for all contingencies.

Le soldat **para** l'attaque avec son sabre.

The soldier **fended off** the attack with his saber.

parfumer
to perfume, scent

Les pâtissiers **parfument** leurs gâteaux avec de la vanille.

The pastry-cooks **perfume / scent** their cakes with vanilla.

parier
to bet, wager

Hill **paria** que le oui gagnerait au referendum.

Hill **bet / wagered** that the yes would win the referendum.

parler
to talk

Les différents représentants **parlèrent** avec le pape.

The various representatives **talked** with the pope.

partager
to share

Il **partageait** les articles qu'il trouvait intéressants.

He **shared** the articles that he found interesting.

participer
to participate

Les banquiers **participèrent** à une évasion fiscale monumentale.

The bankers **participated** to a monumental tax evasion.

partir
to leave

La femme de ménage **partira** dans deux heures.

The housemaid will **leave** in two hours.

parvenir
to reach

Après des heures de marche, ils **parvinrent** à la frontière.

After hours of walking, they **reached** the frontier.

passer
to spend (time)

Mon fils **passe** le temps en lisant du Shakespeare.

My son **spends his time** reading Shakespeare.

patiner
to skate

Les enfants **patinaient** gracieusement sur le lac gelé.

The children **skated** gracefully on the frozen lake.

payer
to pay

Les touristes **payèrent** pour plusieurs séances de massage.

The tourists **paid** for many massage séances.

pécher
to sin

Les jeunes aujourd'hui **pèchent** sans regrets.

Young people nowadays **sin** without regrets.

pêcher
to fish

Le vieil homme **pécha** pendant des heures.

The old man **fished** for hours.

pédaler
to pedal; to cycle

Les enfants **pédalaient** dans la campagne.

The children **pedaled / cycled** in the countryside.

peigner
to comb

Les jeunes filles **peignaient** leurs cheveux toutes les nuits.

The young girls **combed** their hair every night.

peindre
to paint

Les artistes de la Renaissance **peignaient** très bien.

The artists of the Renaissance **painted** very well.

peler
to peel

Les soldats **pelèrent** les patates.

The soldiers **peeled** the sweet potatoes.

pencher
to tilt, slope

Le sol **penche** vers la droite.

The floor **tilts / slopes** to the right.

pendre
to hang

Les soldats **pendirent** les déserteurs.

The soldiers **hanged** the deserters.

pénétrer
to enter

Les microbes **pénétrèrent** dans la plaie.

The microbes **entered** in the wound.

penser
to think

Ils **pensent** que les migrants sont la source de l'épidémie.

They **think** that the migrants are the source of the epidemic.

percer
to pierce

Les mères **percent** les oreilles de leurs filles elles-mêmes.

The mothers **pierce** their daughter's ears themselves.

percevoir
to perceive

Les serpents **perçoivent** la chaleur de leurs proies.

Snakes **perceive** the heat of their prey.

percher
to perch

Les hiboux se **perchent** dans les très grands arbres.

Owls **perch** on very tall trees.

perdre
to lose

Il **perd** tout le temps ses paris sur les courses de tortues.

He always **loses** his bets on tortoise races.

perfectionner
to perfect

L'inventeur **perfectionna** son appareil pendant deux ans.

The inventor **perfected** his device during two year.

perforer
to perforate

Le couteau **perfora** un des poumons du patient.

The knife **perforated** on of the patient's lungs.

périr
to perish

Les soldats **périssent** parfois sur le champ de bataille.

Soldiers sometimes **perish** on the battlefield.

permettre
to permit

Les professeurs **permettent** aux élèves de s'absenter les lundis.

The teachers **permit** the students to be absent on Mondays.

perpétrer
to perpetrate

Il **perpétra** des actes ignobles pendant sa jeunesse.

He **perpetrated** ignominious acts during his youth.

persister
to persist

Les joueurs **persistèrent** jusqu'à trouver la solution.

The players **persisted** until finding the solution.

personnifier
to personify

Cet homme **personnifie** la sagesse dans le livre de Tolkien.

This man **personifies** wisdom in Tolkien's book.

persuader
to persuade, to convince

Les humanitaires **persuadèrent** le chef du village d'accepter leur aide.

The humanitarians **persuaded / convinced** the chief of the village to accept their help.

peser
to weigh

Le tronc d'arbre **pesait** énormément sur son dos.

The tree-trunk **weighed** awfully on his back.

photocopier
to photocopy

Les candidats **photocopient** leurs diplômes.

The applicants **photocopied** their diplomas.

photographier
to photograph

Ma mère **photographiait** mon père tous les jours.

My mother **photographed** my father every day.

piéger
to trap

L'employé municipal **piégea** le chat errant.

The municipal employee **trapped** the stray cat.

piger
(fam) to get it, understand

Mon cousin **pige** tous les exercices de mathématiques.

My cousin **gets / understands** all of the mathematics exercises.

piloter
to pilot, fly; to run, manage

Mon oncle **pilota** des bombardiers pendant la guerre du Vietnam.

My uncle **piloted / flied** bomber jets during the Vietnam War.

Mon patron **pilote** tous les projets d'irrigation du pays.

My boss **runs / manages** all the irrigation projects of the country.

pincer
to pinch;

Le professeur **pinçait** les élèves retardataires.

The teacher **pinched** the late students.

piquer
to sting, bite; to give a shot

Les moustiques **piquent** beaucoup en Afrique de l'Ouest.

Mosquitoes **bite / sting** a lot in West Africa.

Le docteur **piqua** mon fils contre la poliomyélite.

The doctor **gave a shot** to my son against poliomyelitis.

placer
to put

Elle **plaça** sa tête sur mon épaule et s'endormit.

She **put** her head on my shoulder and fell asleep.

plaindre
to pity

Je **plains** ceux qui ont volé l'argent du Parrain.

I **pity** the ones who stole the Godfather's money.

plaire
to please

Les vêtements violets **plaisent** beaucoup à ma femme.

Violet clothes **please** my wife a lot.

plaisanter
to joke

Je **plaisante** parfois sur des sujets tristes.

I sometimes **joke** on sad matters.

planter
to plant

Les natifs **plantèrent** un arbre sur la tombe de leur chef.

The natives **planted** a tree on their chief's tomb.

pleurer
to cry

Le jour où son chien mourut, elle **pleura** toute la nuit.

The day her dog died, she **cried** all night long.

pleuvoir
to rain

Il **pleut** depuis des heures.

It's been **raining** for hours.

plier
to fold, bend

La servante **plia** les vêtements et les rangea.

The maid servant **folded** the clothes and put them away.

Le forgeron **plia** la barre de fer à mains nues.

The smith **bent** the iron bar with his bare hands.

plonger
to dive

Les phoques **plongent** dans la mer pour chasser.

Seals **dive** into the sea to hunt.

polir
to polish

Les enfants **polissaient** les chaussures pour gagner de l'argent.

The children **polished** shoes to earn money.

pondre
to lay (an egg)

Les poules **pondent** beaucoup d'œufs cette semaine.

The hens are **lay** a lot of **eggs** this week.

porter
to wear

Ma fille **porte** les vêtements de sa mère.

My daughter **wears** her mother's clothes.

poser
to put

Le visiteur **posa** son chapeau sur la table.

The visitor **put** his hat on the table.

posséder
to possess

Mon voisin **possède** une île dans l'Océan Pacifique.

My neighbor **possesses** an island in the Pacific Ocean.

pourrir
to rot, spoil

La malédiction **pourrissait** toute la nourriture.

The curse **rotted / spoiled** all the food.

poursuivre
to pursue

Depuis sa jeunesse, il **poursuit** des études en physiques.

Since his youth, he **pursues** studies in physics.

pousser
to push

Les ouvriers **poussèrent** le rocher hors du chemin.

The workers **pushed** the boulder out of the way.

pouvoir
to be able

Les anacondas **peuvent** avaler de gros animaux entiers.

Anacondas **are able** to swallow big animals whole.

pratiquer
to practice

Mon thérapeute **pratique** l'acupuncture chinoise.

My therapist **practices** Chinese acupuncture.

précéder
to precede

Les Mings **précédèrent** de nombreuses dynasties.

The Ming **preceded** numerous dynasties.

prêcher
to preach

Le Pasteur **prêchait** tous les lundis au crépuscule.

The Pastor **preached** every Monday at dusk.

précipiter
to precipitate

La corruption **précipita** la chute de l'Empire.

Corruption **precipitated** the fall of the Empire.

préciser
to specify, clarify

Le candidat **précisa** qu'il avait étudié au MIT.

The candidate **specified / clarified** that he had studied at MIT.

prédire
to predict

Ma grand-mère **prédisait** les crises d'épilepsie.

My grandmother **predicted** epileptic episodes.

préférer
to prefer

Les enfants **préfèrent** jouer avec leurs ordinateurs.

The kids **prefer** to play with their computers.

prendre
to take

Les touristes **prirent** des photos quand ils arrivèrent au sommet.

The tourists **took** photos when they reached the summit.

préoccuper
to preoccupy

Les nouvelles du front **préoccupent** les familles des soldats.

News from the front **preoccupy** the soldier's families.

préparer
to prepare, to ready

Les Etats voisins **préparent** une offensive.

The neighboring States are **preparing / readying** an offensive.

prescrire
to prescribe

Mon docteur **prescrit** toujours des vitamines.

My doctor always **prescribes** vitamins.

présenter
to introduce

Mon fils **présenta** sa fiancée à toute la famille.

My son **introduced** his fiancée to the whole family.

préserver
to preserve

Les anciens **préservèrent** les secrets des plantes.

The ancients **preserved** the secrets of the plants.

présider
to preside over, chair

Le doyen **présida** à la réunion des soldats retraités.

The dean **presided / chaired** over the reunion of retired soldiers.

pressentir
to have a premonition

La jeune fille **pressentit** que la tempête se produirait plus tôt.

The young girl **had a premonition** that the storm would happen sooner.

presser
to squeeze

Il **pressa** les raisins pour en boire le jus.

He **squeezed** the grapes to drink the juice.

prétendre
to claim

Cet homme **prétend** être le fils du roi.

This man **claims** to be the son of the king.

prêter
to loan

La banque **prête** de trop petites sommes aux entrepreneurs.

The bank **loans** too little sums to the entrepreneurs.

prévaloir
to prevail, overcome (literary)

Les chevaliers **prévalurent** des envahisseurs.

The knights **prevailed of / overcame** the invaders.

prévenir
to warn, to prevent

Nous **prévenons** les humains, mais nous n'intervenons pas.

We **warn** the humans, but we do not intervene.

Nous **préviendront** l'invasion des Vikings dans le Nord.

We will **prevent** the invasion of the Vikings in the North.

prévoir
to foresee

La prêtresse **prévit** l'éclipse il y a des années.

The priestess **foresaw** the eclipse years ago.

prier
to pray

Le pape **pria** pendant plusieurs minutes devant la foule.

The pope **prayed** for many minutes in front of the crowd.

priver
to deprive

Les geôliers **privaient** les prisonniers de nourriture.

The jailers **deprived** the prisoners of food.

procéder
to proceed; to behave

Les nouveaux-venus **procédèrent** comme nous nous y attendions.

The newcomers **proceeded / behaved** as we had expected.

procurer
to procure

Le capitaine **procura** une arme et des provisions au voyageur.

The captain **procured** a weapon and provisions to the traveler.

produire
to produce

La chaleur **produira** une réaction imprévue.

The heat will **produce** an unexpected reaction.

profiter
to make the most of, to benefit

Les enfants **profitent** de la sagesse de leurs parents.

The children **make the most of** the wisdom of their parents.

The children **benefit** from the wisdom of their parents.

progresser
to progress; to increase

Les techniques de fusion des minerais **progressent** rapidement.

The fusion techniques of ore **progress** rapidly.

Les taux de calcium **progressèrent** pendant la nuit.

The calcium levels **increased** during the night.

projeter
to project

Les statisticiens **projettent** une augmentation des revenus.

The statisticians **project** an increase of revenue.

prolonger
to prolong, extend

La direction **prolonge** la durée de probation de deux semaines.

The direction **prolongs / extends** the probation period of two weeks.

promener
to walk

La nounou **promena** les chiens avant de partir.

The nanny **walked** the dogs before leaving.

promettre
to promise

Les Panthères Roses **promirent** à leurs partenaires d'être discrets.

The Pink Panthers **promised** their partners they would be discreet.

prononcer
to pronounce

Le juge **prononcera** la sentence devant le roi.

The judge will **pronounce** the sentence in front of the king.

proposer
to suggest, propose

Les experts **proposent** une réforme législative comme solution.

The experts **suggest / propose** a legislative reform as a solution.

proscrire
to prohibit

Le gouvernement **proscrivait** la consommation d'alcool.

The government **prohibited** the consumption of alcohol.

prospérer
to prosper

Les Pharaons **prospérèrent** pendant des siècles.

The Pharaohs **prospered** for centuries.

protéger
to protect

Leurs divinités **protégeaient** toute l'Egypte.

Their divinities **protected** all of Egypt.

protester
to protest

Les syndicalistes **protestèrent** contre les nouvelles taxes.

The unionists **protested** against the new taxes.

prouver
to prove

Le détective **prouva** que la femme du docteur était morte.

The detective **proved** that the doctor's wife was dead.

provenir
to come from, be due to

Ces chevaux **proviennent** des Andes.

These horses **come from** the Andes.

Le réchauffement du climat **provient** de l'exploitation du charbon.

The climate warming is **due to** the exploitation of coal.

provoquer
to provoke

Le nouveau moteur **provoque** un court-circuit.

The new engine **provokes** shortages.

publier
to publish

Robert Jordan **publia** de formidables livres.

Robert Jordan **published** formidable books.

puer
to stink

Après six heures de randonnée, mes pieds **puaient**.

After a six hours hike, my feet were **stinking**.

punir
to punish

Le directeur d'école **punissait** les élèves en retard.

The headmaster **punished** the students who were late.

qualifier
to qualify

Les organisateurs **qualifient** le pays hôte automatiquement.

The organizers automatically **qualify** the host country.

quérir (inf)
to summon

Le roi fit **quérir** les hommes qui avaient capturé les voleurs.

The king **summoned** the men who had captured the thieves.

quitter
to leave

Les déserteurs **quittèrent** les rangs quand ils virent l'ennemi.

The deserters **left** the ranks when they saw the enemy.

raccommoder
to mend, repair

Ma mère **raccommodait** les pantalons de mon père.

My mother **mended / repaired** my father's trousers.

raccourcir
to shorten

L'abus d'alcool **raccourcit** l'espérance de vie.

The abuse of alcohol **shortens** the life expectancy.

raccrocher
to hang up;

Elle **raccrocha** le téléphone et retourna dans le salon.

She **hung up** the phone and returned in the living room.

raconter
to tell, recount

Mon grand-père **racontait** des histoires de sa vie de voyageur.

My grandfather **told / recounted** tales of his life as a traveler.

rafraîchir
to chill, freshen, refresh

Les eaux de la fontaine **rafraîchissaient** les passants.

The waters of the fountain **refreshed / freshened** the passersby.

La glace **rafraîchissait** le cocktail.

The ice **chilled** the cocktail.

rager
to fume

Le commissaire de police **ragea** à l'annonce des nominations.

The police superintendent **fumed** when the nominations were announced.

raisonner
to reason, argue

Les philosophes **raisonnent** toujours méthodiquement.

Philosophers always **reason / argue** methodically.

ralentir
to slow down, slacken

Le pilote **ralentit** parce que sa voiture commença à fumer.

The pilot **slowed down** because his car started smoking.

Les dockers **ralentirent** après le repas.

The dock workers **slackened** after the meal.

ramasser
to pick up, gather

Les filles **ramassent** des baies dans la forêt.

The girls **pick up / gather** berries in the forest.

ramener
to take back

Les parents **ramenèrent** leurs enfants à l'internat.

The parents **took** their children **back** to the boarding-school.

ramer
to row (boat)

L'équipe **rama** pendant des heures avant d'arriver à la ligne d'arrivée.

The team **rowed** their **boat** for hours before reaching the finish line.

ranger
to arrange

Ma sœur **rangea** les poupées de sa fille sur l'étagère.

My sister **arranged** her daughter's dolls on the shelf.

rappeler
to recall

Elle **rappela** à son patron qu'il avait une réunion dans la matinée.

She **recalled** to her boss that he had a meeting in the morning.

rapporter
to bring back

Les camionneurs **rapportèrent** la livraison.

The truckers **brought back** the delivery.

rapprocher
to bring together

Les discussions **rapprochèrent** toutes les factions.

The discussions **brought** all the factions together.

raser
to shave (s.o.)

L'instructeur **rasa** toutes les recrues.

The instructor **shaved** all the recruits.

rassembler
to gather, assemble

Les moniteurs **rassemblèrent** les élèves dans le hall.

The supervisors **gathered / assembled** the students in the hall.

rassurer
to reassure

Les médecins **rassurèrent** les parents du patient.

The doctors **reassured** the patient's parents.

rater
to miss

Les deux tireurs embusqués **ratèrent** la cible.

The two snipers **missed** the mark.

rationner
to ration

Le général **rationne** toutes les provisions jusqu'au prochain ravitaillement.

The general **rations** all the provisions until the next resupplying.

rattraper
to recapture; to recover, to catch up

Les soldats **rattrapèrent** la caravane à l'aube.

The soldiers **recaptured** / **recovered** the caravan at dawn.

Le coureur russe **rattrapa** le meneur après cinquante minutes.

The Russian runner **caught up** to the leader after fifty minutes.

ravager
to ravage, devastate

La tornade **ravage** tout le village.

The tornado **ravaged** / **devastated** the village.

ravir
to delight

Les nouveaux jouets **ravirent** les orphelins.

The new toys **delighted** the orphans.

rayer
to scratch ; to scratch out, to cross out, to cross off, to strike out

Le sable **rayait** les écrans des téléphones.

The sand **scratched** the phone screens.

Le professeur **raya** le nom de mon fils du registre.

The professor **scratched out / crossed out / crossed off / struck out** my son's name from the log.

réaliser
to achieve, fulfill; to realize

Les scientifiques **réalisèrent** leur erreur trop tard.

The scientists **realized** their mistake too late.

Tony Stark **réalisa** un nouveau type de réacteur écologique.

Tony Stark **achieved** a new type of ecologic reactor.

Thor **réalisa** presque tous les vœux de son père.

Thor **fulfilled** almost all of the wishes of his father.

recevoir
to receive

Les satellites **reçoivent** les signaux de la station MIR.

The satellites **receive** the signals from the MIR station.

réchauffer
to reheat; to warm up

Les cuistots **réchauffèrent** le repas de la veille.

The cooks **reheated** the previous day's meal.

The cooks **warmed** the previous day's meal up.

rechercher
to look for, seek

Les policiers **recherchèrent** des indices dans les lettres.

The policemen **looked for / sought** clues in the letters.

réciter
to recite

Les enfants **récitent** bien leurs poèmes.

The kids **recite** their poems well.

réclamer
to ask for; to clamour for sth

Les grévistes **réclamaient** une libération du chef syndical.

The strikers **asked for / clamoured for** the liberation of the union chief.

récolter
to harvest; to collect, gather

Les garçons **récoltent** les baies dans notre village, pas les filles.

The boys **harvest / collect / gather** the berries in our village, not the girls.

recommander
to recommend

Mon professeur d'université **recommande** toujours de porter du noir pour les entretiens.

My university professor **recommends** to always wear black for interviews.

récompenser
to reward

Le directeur d'école **récompensa** les meilleurs élèves.

The headmaster **rewarded** the best students.

réconcilier
to reconcile

Le médiateur **réconcilia** les familles Capulet et les Montague.

The mediator **reconciled** the Capulet and the Montague families.

reconduire
to renew

La société **reconduira** sa promotion pour une semaine de plus.

The company will **renew** its promotion for a week more.

reconnaître
to recognize

Le témoin **reconnut** les trois voleurs.

The witness **recognized** the three thieves.

reconstruire
to rebuild

Les villageois **reconstruisirent** le barrage après l'inondation.

The villagers **rebuilt** the dam after the flood.

recoudre
to sew back on

Mon père **recoud** parfois ses boutons tout seul.

My father sometimes **sews** his buttons **back on** by himself.

recourir
to resort to, apply

La police **recours** à la force létale contre les terroristes.

The police **resorts to / applies** lethal force to terrorists.

recouvrir
to cover

Le médecin **recouvrit** le corps après l'identification.

The doctor **covered** the body after the identification.

récrire
to rewrite

Cet élève **réécrit** des articles déjà publiés.

This student **rewrites** articles that have already been published.

rectifier
to rectify

Le journaliste **rectifia** le rapport du conférencier devant tout le monde.

The journalist **rectified / amended / corrected** the lecturer in front of everyone.

recueillir
to collect, gather

L'assistant **recueillit** les feuilles qui étaient tombées.

The assistant **collected / gathered** the papers that had fallen.

reculer
to move back/away ; to back away

Les touristes **reculèrent** quand ils virent les lions.

The tourists **moved back / moved away / backed away** when they saw the lions.

rédiger
to write

Les journalistes **rédigèrent** une pétition contre le ministre.

The journalists **wrote** a petition against the minister.

redire
to repeat

Mon professeur de sociologie **redit** toujours ses instructions.

My sociology professor always **repeats** his instructions.

redormir
to sleep some more

Le vigile **redormit** un peu après s'être réveillé trop tôt.

The watchman **slept some more** after waking too early.

redoubler
to increase, intensify, to fail (a grade)

Les enfants **redoublèrent** d'efforts pour sauver leurs parents.

The kids **increased / intensified** their efforts to save their parents.

Son fils a encore **redoublé** la classe de Troisième.
His son as **failed** the Ninth grade again.

redouter
to dread, fear

Les paysans **redoutent** la colère de la noblesse.

The peasants **dread / fear** the anger of the nobility.

redresser
to straighten; to set right

Les charpentiers **redressèrent** la poutre avant de continuer.

The carpenters **straightened** the beam before continuing.

The carpenters **set** the beam **right** before continuing.

réduire
to reduce

La présence des Sages **réduit** le risque de confrontation.

The presence of the Sages **reduces** the risk of confrontation.

réélire
to re-elect

Le people **réélira** sûrement Dilma Roussef.

The people will most likely **re-elect** Dilma Roussef.

refaire
to redo

Il **refait** les mêmes gestes que son professeur de karaté.

He **redoes** the same movements as his karate professor.

référer
to refer

Le juge **référa** les époux à un thérapeute.

The judge **referred** the spouses to a therapist.

refermer
to close (again)

Les enquêteurs **refermèrent** la porte après inspection.

The investigators **closed** the door **again** after inspection.

réfléchir
to think

Le diplomate **réfléchissait** à un moyen d'éviter la guerre.

The diplomat **thought** on a way of avoiding the war.

refléter
to reflect

L'étang **reflète** le clair de lune.

The pond **reflects** the moonlight.

refroidir
to cool

Le breuvage **refroidissait** rapidement dans le congélateur.

The beverage was **cooling** rapidly in the freezer.

réfugier
to take refuge

Les femmes et les enfants se **réfugièrent** dans une maison abandonnée.

The women and children **took refuge** in an abandoned house.

refuser
to refuse

Il **refusa** mon aide pour la troisième fois.

He **refused** my help for the third time.

regarder
to look at, watch

Les enfants **regardaient** les tableaux sans comprendre.

The children **looked at / watched** the paintings without understanding.

régler
to settle, sort out; to regulate

Mon oncle **règle** tous les problèmes fiscaux de l'entreprise.

My uncle **settles / sorts out / regulates** all of the fiscal problems of the company.

régner
to reign

Mon grand-père **régna** sur l'Empire jusqu'à sa mort.

My grandfather **reigned** on the Empire until his death.

regretter
to regret

Je **regrette** certains de mes choix de jeunesse.

I **regret** some of the choices of my youth.

rejeter
to reject

Le ministère **rejeta** les candidatures des étrangers.

The ministry **rejected** the applications of foreigners.

rejoindre
to meet, rejoin

Les deux régiments **rejoindront** les troupes alliées dans un mois.

The two regiments will **meet / rejoin** with the allied troops in a month.

réjouir
to delight, gladden, thrill

Le nouveau jeu vidéo **réjouissait** mes fils.

The new videogame **delighted / gladdened / thrilled** my sons.

relever
to stand up (again); to raise

Le moniteur **releva** les bougies qui étaient tombés.

The supervisor **stood** the candles that had fallen **up**.

The supervisor **raised** the candles that fallen.

relier
to join, link, bind

Nous **relieront** les deux mers par un canal.

We will **join / link / bind** the two seas by a canal.

relire
to reread

Elle **relit** La Roue du Temps pour la sixième fois.

She **rereads** The Wheel of Time
for the sixth time.

reluire
to shine

Les boutons de la veste
reluisaient.

The buttons of the jacket **shined**.

remarquer
to notice

Sherlock **remarqua** l'absence de
suie sur le tissu.

Sherlock **noticed** the lack of soot
on the cloth.

remercier
to thank

Les émissaires grecs
remercièrent le roi pour sa
générosité.

The Greek emissaries **thanked**
the king for his generosity.

remettre
to put back (on)

Zorro **remis** son masque et partit sur son cheval.

Zorro **put** his mask **back on** and left on his horse.

remmener
to take back

Le vétérinaire **remmena** le chien à la clinique pour une piqûre.

The veterinarian **took** the dog **back** to his clinic for a shot.

remonter
to go back up, rise again

Le passager **remonta** dans le train après l'escale.

The passenger **went back up** on the train after the stop.

Le niveau de la mer **remontera** à la prochaine pleine lune.

The level of the sea will **rise again** after the next full moon.

remoudre
to regrind

Les femmes **remoulurent** le grain pour avoir une farine de bonne qualité.

The women **regrinded** the grain in order to have flour of good quality.

remplacer
to replace

Les batteries au lithium **remplaceront** les vieilles batteries.

The lithium batteries will **replace** the old batteries.

remplir
to fill

La serveuse **remplissait** les verres sans regarder.

The waitress **filled** the glasses without looking.

remporter
to take back

Les soldats **remportèrent** l'équipement à la caserne.

The soldiers **took** the equipment **back** to the barracks.

remuer
to move, twitch

Le chimiste **remua** le mélange pour faciliter la réaction.

The chemist **moved** the mix to facilitate the reaction.

Le colis **remua** légèrement.

The **packet** twitched feebly.

rencontrer
to meet

Les enfants **rencontrèrent** le meilleur ami de leur père.

The children **met** their father's best friend.

rendormir
to put back to sleep

La nounou **rendormit** l'enfant en fredonnant.

The nanny **put** the kid **back to sleep** by humming.

rendre
to give back

Les colons **rendirent** certaines terres aux natifs.

The settlers **gave** some lands **back** to the natives.

renfermer
to hold, contain

Cette boîte **renferme** des échantillons du virus.

This box **holds / contains** samples of the virus.

renoncer
to renounce

Les soldats **renoncèrent** à la guerre après avoir entendu les nouvelles.

The soldiers **renounced** the war after hearing the news.

renouveler
to renew

Les chefs du clan **renouvelèrent** leurs vœux aux mariés.

The Clan Chiefs **renewed** their wishes to the spouses.

renseigner
to inform

Ce livre **renseigne** sur les conditions de vie dans les camps.

This book **informs** on life conditions in the camps.

rentrer
to return home

Les otages **rentrèrent** après trois années de captivité.

The hostages **returned home** after three years of captivity.

renverser
to knock over, overcome

La serveuse **renversa** la bière sur la table.

The waitress **knocked** the beer **over** the table.

Les protestants **renversèrent** le régime du tyran.

The protesters **overcame** the tyrant's regime.

renvoyer
to dismiss

Les nobles **renvoyèrent** leurs domestiques pour parler en privé.

The nobles **dismissed** their servants in order to speek privately.

répandre
to spread, spill

La fuite **répandait** du pétrole dans la mer.

The leak **spilled** oil in the sea.

Les femmes **répandaient** des fleurs sur la route.

The women **spread** flowers on the road.

reparaître
to reappear

L'étoile **reparut** dans le ciel après quelques secondes.

The star **reappeared** in the sky after a few seconds.

réparer
to repair

Les techniciens **réparèrent** les appareils après six heures.

The technicians **repaired** the devices after six hours.

repartir
to leave again

Après avoir eu leurs bonbons, les enfants **repartirent**.

After getting their candy, the kids **left again**.

repasser
to iron; to pass again

Les espions **repassèrent** devant la maison à midi.

The spies **passed** in front of the house **again** at noon.

Le personnel de l'hôtel **repasse** bien les vêtements.

The hotel personnel **irons** clothes well.

repeindre
to repaint

Ma mère **repeint** la chambre de mon frère après son départ.

My mother **repainted** my brother's room after his departure.

repentir (se)
to repent

Les enfants **se repentirent** et demandèrent pardon au vieil homme.

The children **repented** and asked the old man for forgiveness.

répéter
to repeat

Mon père **répète** toujours les mêmes choses.

My father always **repeats** the same things.

répliquer
to reply

L'épouse du docteur **répliqua**
sans réfléchir.

The doctor's wife **replied** without
thinking.

répondre
to answer

Le nouvel élève **répondit**
correctement à la question.

The new student **answered**
correctly to the question.

reposer
to rest

Les voyageurs **reposaient** leurs
chevaux pendant l'après-midi.

The travelers **rested** their horses
during the afternoon.

repousser
to push back ; to reject, push away

La commission **repoussa** la date
des élections.

The commission **pushed back** the elections day.

Elle **repoussa** les avances du docteur.

She **rejected** the doctor's advances.

Les gardes **repoussèrent** les manifestants.

The guards **pushed** the protesters **away**.

reprendre
to take again, to resume

Les invités **reprirent** les débats après le dîner.

The guests **resumed** the debates after the diner.

Les insurgés **reprirent** la ville une semaine plus tard.

The insurgents **took** the city **again** a week later.

représenter
to represent

Ces hommes **représentent** les tribus du continent.

These men **represent** the tribes of the continent.

réprimander
to reprimand

Les policiers **réprimandèrent** les enfants.

The policemen **reprimanded** the children.

reprocher
to criticize

Mon père **reproche** à mon oncle d'avoir arrêté les études.

My father **criticizes** my uncle for stopping his studies.

reproduire
to reproduce

Les abeilles se **reproduisent** moins chaque année.

Bees **reproduce** less each year.

répudier
to repudiate

Le clan **répudia** la jeune fille quand ils découvrirent la vérité.

The clan **repudiated** the young girl when they discovered the truth.

réserver
to reserve

Mon mari **réserve** toujours les meilleures places.

My husband always **reserves** the best seats.

résigner (se)
to resign o.s.

Ses parents **se résignèrent** à sa nouvelle passion.

His parents **resigned** themselves to his new passion.

résister
to resist

La porte **résista** aux assauts du bandit.

The door **resisted** to the bandit's assault.

résonner
to resonate, reverberate

Le cri **résonna** dans la caverne pendant plusieurs secondes.

The cry **resonated / reverberated** in the cavern for many seconds.

résoudre
to resolve

Le jeune homme **résolut** l'équation en moins de trente secondes.

The young man **resolved** the equation in less than thirty seconds.

respecter
to respect

Les étrangers **respectent** les rites nationaux.

The foreigners **respect** the national rites.

respirer
to breathe;

Les vacanciers **respiraient** le parfum du jardin impérial.

The vacationers **breathed** the perfume of the imperial garden.

ressembler
to resemble

Les enfants de ma sœur lui **ressemblent** beaucoup.

My sister's children **resemble** her a lot.

ressentir
to feel

Je **ressens** une douleur dans l'épaule.

I **feel** pain in the shoulder.

rester
to stay

Les visiteurs **restèrent** jusqu'à lendemain.

The guests **stayed** until the next day.

restreindre
to restrict

L'administrateur **restreint** les autorisations des autres utilisateurs.

The administrator **restricts** the authorizations of the other users.

résulter
to result

Les tensions entre les clans **résultèrent** en une guerre civile.

The tensions between the clans **resulted** in a civil war.

résumer
to summarize

Le professeur **résuma** bien les arguments de Kant.

The professor **summarized** Kant's arguments well.

rétablir
to re-establish

Le nouvel Empereur **rétablit** Rome comme capitale.

The new Emperor **re-established** Rome as the capital.

rétamer (fam)
to wear out

Les allemands **rétamèrent** l'équipe brésilienne.

The German **wore out** the Brazilian team.

retarder
to delay; to set back

Le tremblement de terre **retarda** le planning du projet.

The earthquake **delayed** the planning of the project.

The earthquake **set** the planning of the project **back**.

reteindre
to dye again

Le shaman **reteint** le vieux tissu.

The shaman **dies** the old cloth **again**.

retenir
to retain

Mes élèves **retiennent** bien les théorèmes de Pythagore.

My students **retain** Pythagoras's theorems well.

retirer
to remove, take off/out

Le chirurgien **retira** la tumeur.

The surgeon **removed** the tumor.

The surgeon **took the** tumor **out**.

retomber
to fall again

La caisse **retombera** si on ne l'attache pas.

The crate will **fall again** if we don't tie it.

retourner
to return

La comète **retournera** dans le système solaire.

The comet will **return** in the solar system.

retrouver
to find

Les policiers **retrouvèrent** les enfants perdus.

The policemen **found** the lost children.

réunir
to reunite

Les Sages **réunirent** leurs descendants.

The Sages **reunited** their descendants.

réussir
to succeed

Les croisés **réussirent** à vaincre l'armée de Saladin.

The crusaders **succeeded** in vanquishing Saladin's army.

réveiller
to wake up

Les enfants se **réveillèrent** avant l'aube le jour de Noël.

The children **woke up** before dawn on Christmas day

révéler
to reveal

L'archéologue **révéla** les résultats des fouilles.

The archeologist **revealed** the results of the excavations.

revenir
to come back

Les candidats **revinrent** quelques jours plus tard.

The applicants **came back** a few days later.

rêver
to dream

Ma sœur **rêvait** de devenir astronaute.

My sister **dreamed** of becoming an astronaut.

reverser
to pour more ; pour back ; to pay back

La servante **reversa** le contenu de la jarre dans un seau.

The servant **poured** the content of the jar **back** in the bucket.

Ma sœur **reversa** du jus à son fils.

My sister **poured more** juice to her son.

Le gouvernement **reversa** les pensions dans des comptes d'épargne.

The government **paid back** the pensions in savings accounts.

revêtir
to put on

Les hommes **revêtissent** des tuniques rouges pour la cérémonie.

The men **put on** red tunics for the ceremony.

revivre
to relive

Le patient **revivait** l'accident à chaque séance.

The patient **relived** the accident at each session.

revoir
to see again

Le jeune homme **revit** la fille le lendemain.

The young man **saw** the girl **again** the next day.

rire
to laugh

Ils **riaient** beaucoup quand ils étaient ensemble.

They **laughed** a lot when they were together.

risquer
to risk

Les avocats **risquent** la prison s'ils fraudent.

Lawyers **risk** prison if they defraud.

rompre
to break

La table **rompit** à cause du poids.

The table **broke** because of the weigh.

ronfler
to snore,

Ma tante **ronfle** très fort, et tout le monde le sait.

My aunt **snores** very loudly and everyone knows it.

ronger
to gnaw at, eat into;

Mon hamster **rongeait** mes chaussettes.

My hamster **gnawed at** my socks.

My hamster **eats into** my socks.

rougir
to redden, blush

Elle **rougissait** à cause des compliments.

She **reddened / blushed** because of the compliment.

rouler
to roll, to drive (a car)

Les hommes **roulèrent** les troncs dans la rivière.

The men **rolled** the trunks into the river.

Mes camarades de classe **roulent** en voiture pour venir à l'école.

My classmates **drive cars** to get to school.

rouvrir
to reopen

Mon fils **rouvrit** la boutique de mon grand-père.

My son **reopened** my grandfather's shop.

ruiner
to ruin

Les dettes **ruinèrent** la famille.

The debts **ruined** the family.

sacrifier
to sacrifice

Les shamans **sacrifiaient** des hiboux à leurs divinités.

The shamans **sacrificed** owls to their divinities.

saigner
to bleed

La plaie **saignait** beaucoup.

The wound **bled** a lot.

saillir
to protrude

L'os **saillait** hors de sa jambe.

The bone **protruded** out of his leg.

saisir
to seize

La cours **saisissait** les biens des condamnés.

The court **seized** the properties of the condemned.

salir
to soil

Les chaussures des ouvriers **salissaient** le sol.

The worker's shoes **soiled** the floor.

saluer
to greet, salute

La petite fille **salua** le roi.

The little girl **greeted / saluted** the king.

sangler
to strap, girth

Les voyageurs **sanglèrent** leurs fardeaux sur les chevaux.

The travelers **strapped / girthed** their burden on the horses.

sangloter
to sob

Le garçon **sanglotait** à cause de la séparation.

The boy **sobbed** because of the separation.

satisfaire
to satisfy

Les résultats de l'analyse **satisfaisaient** le docteur.

The analysis results **satisfied** the doctor.

sauter
to jump

Les basketteurs **sautent** très haut.

Basketball players **jump** very high.

sauver
to save, rescue

Les dauphins **sauvèrent** les naufragés.

The dolphins **saved / rescued** the shipwrecked.

savoir
to know

Mon oncle **sait** que j'ai obtenu une bourse.

My uncle **knows** that I have gotten a scholarship.

sécher
to dry

Le puis a **séché** après la dernière sécheresse.

The well **dried** after the last draught.

secouer
to shake

Les murs de la maison **secouaient** à cause du vent.

The walls of the house **shook** because of the wind.

secourir
to help

Les moines **secouraient** les réfugiés qui arrivaient.

The monks **helped** the refugees who arrived.

séduire
to seduce

Ma tante **séduit** mon professeur de mathématiques.

My aunt **seduces** my mathematics professor.

séjourner
to sojourn

Les touristes **séjournèrent** dans la maison de mon oncle.

The tourists **sojourned** in my uncle's house.

sélectionner
to select

Les biologistes **sélectionnent** les meilleurs échantillons.

The biologists **select** the best samples.

sembler
to seem

Les étoiles **semblent** bouger dans le ciel.

The stars **seem** to move in the sky.

semer
to sow, spread

Les fermiers **sèment** les graines après les pluies.

Farmers **sow / spread** the seeds after the rains.

sentir
to feel, smell

Elle **sentit** quelqu'un toucher son épaule.

She **felt** someone touch her shoulder.

Mon chien **sent** l'odeur de mon père avant même de le voir.

My dog **smell** my father's scent even before seeing him.

séparer
to separate

L'arbitre **sépara** les boxeurs quand la cloche sonna.

The referee **separated** the boxers when the bell rang.

serrer
to grasp, squeeze

Des mains puissantes **serraient** son bras.

Powerful hands **grasped / squeezed** his arm.

servir
to serve

Les moines **servirent** les visiteurs sans discrimination.

The monks **served** the guests without discrimination.

siffler
to whistle

Les soldats **sifflèrent** pour attire l'attention.

The soldiers **whistled** to attract attention.

signaler
to signal

Le vieil homme **signala** le braquage au policier.

The old man **signaled** the armed robbery to the policeman.

signer
to sign

Le diplomate **signa** le traité.

The diplomat **signed** the treaty.

signifier
to signify, mean

Que **signifient** les inscriptions sur la pierre ?

What do the markings on the stone **signify / mean**?

simplifier
to simplify

La commission **simplifia** la procédure en supprimant quelques étapes.

The commission **simplified** the process by removing a few steps.

simuler
to simulate

Ce programme **simule** les réactions des soldats.

This software **simulates** the soldier's reactions.

skier
to ski

Les touristes **skièrent** toute la journée.

The tourists **skied** all day long.

soigner
to take care of, treat

Les infirmières **soignèrent** l'étranger avec gentillesse.

The nurses **took care of / treated** the foreigner with kindness.

songer
to daydream ; to think of

Les parents **songent** au futur de leurs enfants.

The parents **think of** their children's future.

Il **songeait** à l'été qu'il avait passé avec elle.

He **daydreamed** of the summer he spent with her.

sonner
to ring

Les invites **sonnèrent** au moment où j'allais sortir.

The guests **rang** just as I was about to go out.

sortir
to go out

Je **sortis** par la porte de la cuisine sans me faire remarquer.

I **went out** through the kitchen door without being noticed.

souffler
to blow, pant

Les enfants **soufflèrent** beaucoup après leur course à pied.

The kids **blowed / panted** a lot after their race on foot.

souffrir
to suffer

Les réfugiés **souffraient** à cause des conditions de vie.

The refugees **suffered** because of their life conditions.

souhaiter
to wish

Les princesses **souhaitent** rencontrer leur prince charmant.

Princesses **wish** to meet their prince charming.

souiller
to soil

Les déchets toxiques **souillent** l'eau de la rivière.

The toxic waste **soil** the river's water.

soûler (inf)
to make drunk; to tire

Les discours du président **soûlaient** tout le monde.

The president's speech's **tired** everyone.

Le whisky le **soûla** après quelques minutes.

The whisky **made** him **drunk** after a few minutes.

soulever
to lift, raise

Les recrues **soulevèrent** les troncs et les posèrent sur leurs têtes.

The recruits **lifted / raised** the trunks and put them on their heads.

souligner
to underline, stress

Le professeur **souligna** les sections importantes.

The teacher **underlined / stressed** the important sections.

soumettre
to submit

Les candidats **soumettent** leurs dossiers à la commission.

The applicants **submit** their folders to the commission.

soupçonner
to suspect

Sherlock **soupçonnait** que les passagers lui mentaient.

Sherlock **suspected** that the passengers were lying to him.

souper
to have dinner

Mes voisins **soupent** chez moi ce soir.

My neighbors **have dinner** at my place this evening.

soupirer
to sigh

Les moniteurs **soupirèrent** et laissèrent les enfants jouer.

The supervisors **sighed** and let the kids play.

sourire
to smile

Ma mère **souriait** toujours quand je rentrais de l'école.

My mother always **smiled** when I came home from school.

souscrire
to subscribe

Mon père **souscrivait** à un magazine de mécanique.

My father **subscribed** to a mechanics magazine.

soutenir
to support

Les poteaux **soutenaient** toute la structure.

The beams **supported** the whole structure.

souvenir (se)
to remember

Le témoin **se souvint** que l'assassin portait du rose.

The witness **remembered** that the killer was wearing pink.

spécifier
to specify

Le contrat **spécifiait** que le retard serait sanctionné.

The contract **specified** that tardiness would be sanctioned.

stationner
to park

Les voyageurs **stationnèrent** sur une aire de repos.

The travelers **parked** on a rest area.

stimuler
to stimulate

Ce catalyseur **stimule** une réaction de fusion.

This catalyst **stimulates** a fusion reaction.

subir
to undergo

Ces troupes **subirent** un entraînement spécial.

This troops **underwent** a special training.

substituer
to substitute

Ma tante **substitue** du rhum au whisky dans sa recette.

My aunt **substitutes** the whisky with rhum in her recipe.

subvenir
to provide for

C'est son grand-père qui **subvient** au besoin de la famille.

It's his grandfather who **provides for** the family.

succéder
to succeed

Son oncle **succéda** à son père en tant que chef.

His uncle **succeeded** his father as chief.

sucer
to suck

Les vampires **sucent** le sang de leurs victimes.

Vampires **suck** their victim's blood.

suffire
to suffice

Cette quantité de sucre **suffira**.

This amount of sugar will **suffice**.

suggérer
to suggest

Les experts **suggérèrent** une diminution des taxes.

The experts **suggested** a decrease of taxes.

suivre
to follow

Le policier **suivit** les bandits jusqu'à leur cachette.

The policeman **followed** the bandits to their hideout.

supplier
to beg

Les prisonniers **suppliaient** leurs geôliers de les libérer.

The prisoners **begged** their jailers to free them.

supporter
to support, endure

Les adultes **supportent** mieux la faim que les enfants.

Adults **support / endure** hunger better than children.

supposer
to suppose, assume

Après ta lettre, j'avais **supposé** que tu ne viendrais pas.

After your letter, I had **assumed / supposed** that you would not come.

supprimer
to delete; to suppress

Il **supprima** les rapports de son collègue.

He **suppressed / deleted** his colleague's reports.

surgir
to appear suddenly; to arise

La lave **surgit** du sol et commença à couler vers le village.

The lava **appeared suddenly / arose** from the ground and started to flow towards the village.

surprendre
to surprise

L'explosion **surprit** tout le monde.

The explosion **surprised** everyone.

surveiller
to watch, supervise

Les adultes **surveillent** les enfants quand ils partent à la plage.

The adults **watch / supervise** the kids when they go to the beach.

survenir
to occur

Tous les accidents **survinrent** de la même manière.

All the accidents **occurred** in the same manner.

survivre
to survive

Les natifs **survivent** grâce aux propriétés des plantes.

The natives **survive** thanks to the properties of plants.

survoler
to fly over

Les pélicans **survolèrent** le bateau.

The pelicans **flied** over the boat.

suspendre
to hang, suspend

Le marchand **suspendit** les tapis sur une corde.

The merchant **hanged** the carpets to a rope.

La commission **suspend** ses activités jusqu'à la fin de l'année.

The commission **suspends** its activities until the end of the year.

tacher
to stain, spot

Le chien **tacha** le sol de la cuisine.

The dog **stained / spotted** the kitchen floor.

tâcher
to try, endeavour

Les membres du congrès **tâchèrent** de voter une loi juste.

The congressmen **tried / endeavoured** to vote a just law.

taire (se)
to become quiet ; to shut up

Lorsque le détective entra, le suspect **se tut**.

When the detective entered, the suspect **shut up / became quiet**.

taper
to type; to knock; to beat

Le policier **tapa** à la porte plusieurs fois.

The policeman **knocked / beat** on the door many times.

Les secrétaires **tapèrent** les rapports en une soirée.

The secretaries **typed** the reports in an evening.

taquiner
to tease

Mon petit frère **taquine** les enfants des voisins.

My little brother **teases** the neighbor's children.

tarder
to delay, take a long time

Le train **tarda** à partir dans la matinée.

The train **delayed / took a long time** in leaving in the morning.

teindre
to dye

Le shaman **teint** les vêtements des guerriers.

The shaman **dies** the warrior's clothes.

téléphoner
to call

Le directeur d'école **téléphona** à mes parents.

The headmaster **called** my parents.

témoigner
to testify; to show

La jeune fille **témoigna** contre son oncle.

The young girl **testified** against her uncle.

Cette réaction **témoigne** de la présence d'hydrogène.

This reaction **shows** the presence of hydrogen.

tendre
to strain, strive

Les lianes de cette plante **tendent** vers les sources d'eau.

This plant's lianas **strained / strive** towards water sources.

tenir
to hold

Les enfants **tenaient** des bougies dans leurs mains.

The kids **held** candles in their hands.

tenter
to try

Les rebelles **tentèrent** de tuer le roi.

The rebels **tried** to kill the king.

terminer
to end

Les scientifiques **terminèrent** l'expérience et écrivirent leur rapport.

The scientists **ended** the experiment and wrote their report.

tester
to test

Les techniciens **testèrent** leur invention.

The technicians **tested** their invention.

tirer
to pull

Les mineurs **tiraient** leurs collègues hors du trou.

The miners **pulled** their colleagues out of the hole.

tisser
to weave

Pénélope **tissa** une toile pendant des années

Penelope **weaved** a canvas for years.

tolérer
to tolerate, put up with

Mon père **tolère** les chats, mais pas les chiens.

My father **tolerates / puts up with** cats, but not dogs.

tomber
to fall

La pomme **tomba** sur la tête de Newton.

The apple **fell** on Newton's head.

tondre
to shear, mow

Mon fils **tondit** l'herbe avec la nouvelle machine.

My son **sheared / mowed** the grass with the new machine.

tonner
to thunder

Sa voix **tonnait** dans toute la caverne.

His voiced **thundered** in the whole cavern.

toquer
to knock

Les inspecteurs **toquèrent** à la porte du suspect.

The inspectors **knocked** on the suspect's door.

tordre
to twist

Elle **tordit** un bout de ferraille pour crocheter la serrure.

She **twisted** a bit of scrap metal to pick the lock.

toucher
to affect

L'épidémie **touche** des milliers de personnes.

The epidemic **affects** thousands of people.

tourner
to turn

La terre **tourne** autour du soleil.

The Earth **turns** around the Sun.

tousser
to cough

La petite fille **toussait** beaucoup à cause du froid.

The little girl **coughed** a lot because of the cold.

tracasser
to worry, bother

L'absence de nouvelles **tracassait** ses frères.

The lack of news **worried / bothered** his brothers.

tracer
to draw

Le policier **traça** le contour du cadavre.

The policeman **drew** the contours of the corpse.

traduire
to translate

Le linguiste **traduisit** les hiéroglyphes.

The linguist **translated** the hieroglyphs.

trahir
to betray

Son fils **trahissait** les autres membres du clan.

His son **betrayed** the other members of the clan.

traîner
to pull, drag

Les huskys **traînèrent** leur maître jusqu'à la rive.

The huskies **pulled / dragged** their master to the bank.

traiter
to treat, to negotiate

Les médiateurs **traitèrent** avec les kidnappeurs.

The mediators **treated / negotiated** with the kidnappers.

transcrire
to transcribe

Le secrétaire **transcrivait** les déclarations du Président.

The secretary **transcribed** the declarations of the President.

transférer
to transfer

Il **transféra** l'argent de la vente sur son compte.

He **transferred** the sale's money on his account.

transformer
to transform

Le procédé **transforme** les larves en papillons.

The process **transforms** larvae in butterflies.

transmettre
to transmit

Les lieutenants **transmirent** les ordres au reste des soldats.

The lieutenants **transmitted** the orders to the rest of the soldiers.

transparaître
to show through

Le visage d'une femme **transparaissait** à travers la glace.

A woman's face **showed through** the ice.

travailler
to work

Il **travaille** beaucoup plus depuis l'accident.

He **works** a lot more since the accident.

traverser
to cross

Les gnous **traversent** la rivière malgré les crocodiles.

The gnu **cross** the river despite the crocodiles.

tressaillir
to shudder

La femme **tressaillit** quand elle vit le cadavre.

The woman **shuddered** when she saw the cadaver.

tresser
to braid, plait; to twine ; to wreathe

Elle **tressait** les cheveux de sa sœur sur la photo.

She **braided / plaited / twined / wreathed** her sister's hair on the photo.

tricher
to cheat

Cet élève **triche** souvent lors des examens.

This student often **cheats** during exams.

tromper
to deceive, mislead

Les escrocs **trompèrent** les enfants du vieil homme.

The crooks **deceived / misled** the old man's children.

trouver
to find

Selon les journalistes, les policiers le **trouvèrent** dans un motel.

According to the journalists, the policemen **found** him in a motel.

tuer
to kill

Les guerriers **tuaient** leurs ennemis sans remords.

The warriors **killed** their enemies without remorse.

tutoyer
to use "tu"

Il **tutoyait** mon père quand il lui parlait.

He **used "tu"** when speaking to my father.

ululer
to hoot, screech

Les oiseaux **ululaient** pour communiquer entre eux.

The birds **hooted / screeched** to communicate among themselves.

unifier
to unify

L'Empereur **unifia** le continent au bout de douze ans.

The Emperor **unified** the continent after twelve years.

unir
to unite

Il **unissait** le plomb au fer pour créer un nouveau métal.

He **united** lead to iron to create a new metal.

urger
to be urgent

Ça **urge** ! Nous devons appeler la police !

It **is urgent**! We must call the police!

user
to wear out

Après des heures d'entraînement, il **usa** ses chaussures.

After hours of training, he **wore out** his shoes.

utiliser
to use

Les natifs **utilisent** l'écorce de baobab.

The natives **use** the bark of the baobab tree.

vaciller
to sway, wobble, waver

Les jeunes gens **vacillaient** à cause de la fatigue.

The young people **swayed / wobbled / wavered** because of the tiredness.

vaincre
to defeat

L'armée rebelle **vainquit** les troupes impériales.

The rebel army **defeated** the imperial troops.

valider
to validate,

Les professeurs **validèrent** mon sujet de thèse.

The professors **validated** my thesis subject.

valoir
to be worth

Ce joyau **vaut** plusieurs millions d'euros.

This jewel **is worth** many millions of euros.

valoriser
to develop; to value

Le gouvernement **valorisa** la culture de l'anacarde.

The government **developed / valued** the cultivation of cashew

vanter
to praise

Mon père **vante** les exploits de mon grand frère.

My father **praised** the exploits of my older brother.

varier
to vary

Le niveau de la mer **varie** en accord avec les phases de la lune.

The level of the sea **varies** in accord with the moon's phases.

veiller
to stay up

Les enfants **veillent** tard pendant les vacances.

The children **stay up** late during the holidays.

vendre
to sell

Les descendants **vendirent** les terres de leurs ancêtres.

The descendants **sold** the lands of their ancestors.

venger
to avenge

Les membres du clan **vengèrent** la mort de leur chef.

The members of the clan **avenged** the death of their chief.

venir
to come

Les touristes **viennent** chaque année pour se baigner dans le fleuve.

Tourists **come** each year to bathe in the river.

verdir
to turn green

La rouille **verdissait** les morceaux de métal.

The rust **turned** the bits of metal **green**.

vérifier
to verify, to check

Le chef de laboratoire **vérifia** les rapports de ses collègues.

The laboratory's chief **verified / checked** the reports of his colleagues.

verser
to pour

Le vieil homme **versa** du vin à ses invités.

The old man **poured** wine to his guests.

vêtir
to clothe

Les natifs se **vêtissent** de fourrures pendant l'hiver.

The natives **clothe** themselves with skins during the winter.

vexer
to upset, anger, offend

Le comportement de l'étranger **vexa** les membres du clan.

The foreigner's behavior **upset / angered / offended** the members of the clan.

vider
to empty, drain

Les soldats **vidèrent** les réserves de blé.

The soldiers **emptied / drained** the reserves of wheat.

vieillir
to age, to grow old

Chaque année, mes parents **vieillissent** un peu plus.
Each year, my parents **age / grow old** a bit more.

viser
to aim

Le tireur embusqué **visa** le genou de sa cible.

The sniper **aimed** for his mark's knee.

visiter
to visit

Les enfants **visiteront** leurs grands-parents pendant l'été.

The children **visited** their grandparents during the summer.

vivre
to live

Il **vécut** sur l'île pendant trente ans.

He **lived** on the island during thirty years.

voiler
to veil

Les shamans **voilèrent** le visage des malades.

The shamans **veiled** the faces of the sick.

voir
to see

Les hommes **virent** le bateau brûler.

The men **saw** the boat burn.

voler
to steal, fly

Les oiseaux **volèrent** quand ils entendirent le coup de feu.

The birds **flew** when they heard the gunshot.

Ils **volèrent** les économies du couple.

The **stole** the savings of the couple.

vomir
to vomit

Certains voyageurs **vomissaient** à cause du mal de mer.

Some travelers **vomited** because of the sea sickness.

voter
to vote

Peu de personnes **votèrent** lors des dernières élections.

Few people **voted** during the last elections.

vouloir
to want

Les enfants **veulent** des cadeaux pour Noël.

The kids **want** gifts for Christmas.

vouvoyer
to use "vous"

Il **vouvoie** ma mère quand il lui parle.

He **uses "vous"** when talking to my mother.

voyager
to travel

Il **voyagea** partout dans le monde grâce à son argent.

He **traveled** around the world thanks to his money.

warranter
to warrant

Je **warrante** mon appartement à mon banquier.

I **warrant** my apartment to my banker.

zébrer
to stripe

Il **zèbre** les pantalons avec un stylo noir.

He **stripes** the trousers with a black pen.

zézayer
to lisp

Il **zézaye** beaucoup bien qu'il soit adulte.

He **lisps** a lot, despite him being an adult.

zoner
to zone

La municipalité **zonera** les terrains l'an prochain.

The municipality will **zone** the fields next year.

Index

1. abaisser
to lower

abandonner
to abandon

abasourdir
to daze, bewilder

abattre
to knock down

abîmer
to ruin

abolir
to abolish

abonner
to subscribe

aborder
to approach

aboutir
to succeed, end up

aboyer
to bark

abréger
to shorten, abridge

abriter
to shelter

abroger
to repeal

absenter (s')
leave, be absent

absorber
to absorb

absoudre
to absolve

abstenir (s')
to abstain

abuser
to abuse

accabler
to overwhelm

accéder
to reach, attain

accélérer
to accelerate

accentuer
to accentuate

accepter
to accept

acclamer
to cheer, acclaim

accommoder
to use

accompagner
to accompany

accomplir
to accomplish

accorder
to admit

accoucher
to give birth

accourir
to hurry

accoutumer
to accustom

accrocher
to hang (up)

accroître
to increase

accueillir
to welcome

acculturer
to acculturate

accumuler
to accumulate

accuser
to accuse

acheminer
to forward, transport

acheter
to buy

achever
to achieve

acquérir
to acquire

actualiser
to update, actualize

adapter
to adapt

adhérer
to adhere

adjoindre
to appoint

admettre
to admit

administrer
to adminster

admirer
to admire

adopter
to adopt

adorer
to adore

adoucir
to soften

adresser
to address

advenir
to happen

aérer
to aerate

affaiblir
to weaken

affamer
to starve

affecter
to affect

affermer
to rent, lease

afficher
to post; to exhibit

affliger
to afflict

agacer
to annoy

agenouiller (s')
to kneel

aggraver
to aggravate

agir
to act

agiter
to wave, flutter; to trouble

agrandir
to enlarge, make bigger

agréer
to agree

aider
to help

aimer
to like, love

ajouter
to add

alimenter
to feed

allécher
to make one's mouth water

aller
to go

allonger
to lengthen, extend, stretch

allumer
to light

alourdir
to weigh down, make heavy

alphabétiser
to alphabetize

altérer
to alter, distort

alterner
to alternate

améliorer
to improve

aménager
to fit

amener
to take

amplifier
to amplify

amuser
to amuse

analyser
to analyze

anéantir
to annihilate; to wear out

angoisser
to distress

animer
to lead, encourage, liven up

annoncer
to announce

anticiper
to anticipate

apercevoir
to see

apparaître
to appear

appartenir
to belong

appeler
to call

applaudir
to applaud, clap

appliquer
to apply

apporter
to bring

apprécier
to appreciate

apprendre
to learn

apprêter
to prepare, get ready

approcher
to approach

approuver
to approve (of)

appuyer
to support; to lean on

armer
to arm; to equip

arracher
to pull up/out

arranger
to arrange

arrêter
to stop, arrest

arriver
to arrive

arroser
to water

aspirer
to inhale; to suck

assaillir
to assail

assembler
to gather, assemble

asseoir
to sit down

assister
to attend

associer
to associate

assouplir
to soften

assurer
to assure

astreindre
to compel

attacher
to tie up, fasten, attach

attaquer
to attack

attarder
to make late

atteindre
to attain

attendre
to wait for

attester
to testify, vouch, attest

attirer
to attract

attraper
to catch

attribuer
to attribute

attrister
to sadden

augmenter
to increase

autoriser
to authorize

avaler
to swallow

avancer
to advance

avertir
to warn

avoir
to have

avorter
to abort

avouer
to vow

bâcler
(inf) to botch; throw together

bagarrer
to fight, argue

baigner
to bathe (s.o.)

baisser
to lower

balancer
to sway

balayer
to sweep

bannir
to bar, block, cross out

baptiser
to baptize

barrer
to bar, block, cross out

bâtir
to build

battre
to beat

bavarder
to chat

baver
to dribble, leak

bégayer
to stammer, stutter

bénéficier
to benefit

bénir
to bless

bercer
to cradle, rock

blaguer
to joke

blâmer
to blame

blanchir
to bleach

blaser
to make blasé; to bore

blêmir
to pale

blesser
to hurt, offend

bleuir
to turn blue

bloquer
to jam, block, stop

boire
to drink

boîter
to limp, wobble

bombarder
to bomb

bondir
to jump up, bounce

border
to trim, hem; to border

boucher
to cork, plug, block

boucler
to buckle, fasten; to settle

bouffer
to be full; (fam) ; to gobble

bouger
to move

bouillir
to boil

bouleverser
to distress; to disrupt

bourrer
to fill, stuff

bousculer
to bump into; to liven up

branler
to shake, be shaky, loose

briller
to shine

briser
to break, smash; to ruin

bronzer
to tan

brosser
to brush

broyer
to grind

bruiner
to drizzle

brûler
to burn

brunir
to darken, tan

cacher
to hide

calculer
to calculate

captiver
to fascinate, captivate

caractériser
to characterize

caresser
to caress

casser
to break

causer
to chat, cause

céder
to give up

ceindre
to put on

célébrer
to celebrate

censurer
to censure

centraliser
to centralize

cerner
to encircle, surround

certifier
to certify

cesser
to cease

changer
to change

chanter
to sing

charger
to load

chasser
to hunt, chase

châtier
to refine, perfect; to chasten

chatouiller
to tickle, titillate

chauffer
to heat

chausser
to put shoes on; to fit

chercher
to look for

chérir
to cherish

chiffonner
to crumple; to bother

choisir
to choose

chômer
to be idle, unemployed

choquer
to shock, appall; to shake up

chuchoter
to whisper

chuter
to fall, drop; to fail

circoncire
to circumcise

circonscrire
to contain

circonvenir
to circumvent

circuler
to circulate

citer
to quote, cite

claquer
to bang, ring out; to snap

clarifier
to clarify

classer
to file, classify; to grade

cligner
to blink

clignoter
to twinkle, flash, flicker

clocher
to be defective

cloîtrer
to shut away, cloister

clore
to close

clouer
to nail, tack; to pin down

cocher
to check off, tick; to notch

coiffer
to do someone's hair

coincer
to wedge; to catch s.o. out

collaborer
to collaborate

coller
to glue, stick, paste

combattre
to combat

combiner
to combine

combler
to fill in; to fulfill, make up

commander
to order

commencer
to begin

commenter
to comment

commettre
to commit

communiquer
to communicate

comparaître
to appear

comparer
to compare

compléter
to complete

complimenter
to compliment

compliquer
to complicate

comporter
to consist of, comprise

composer
to form; to compose; to dial

comprendre
to understand

compromettre
to compromise

compter
to count, intend

concéder
to concede

concentrer
to concentrate

concevoir
to conceive

conclure
to conclude

concourir
to compete

condamner
to condemn

conduire
to drive

confier
to confide

confire
to preserve

confondre
to confuse

congeler
to freeze

conjoindre
to unite

conjuguer
to conjugate

connaître
to know

conquérir
to conquer

consacrer
to devote; to establish

conseiller
to recommend

consentir
to consent

conserver
to conserve

considérer
to consider

consister
to consist

consoler
to console, soothe

constater
to notice, record, certify

construire
to construct

consulter
to consult

contenir
to contain

contenter
to satisfy, please

conter
to recount

continuer
to continue

contraindre
to compel

contredire
to contradict

contrevenir
to contravene

contribuer
to contribute

contrôler
to control

convaincre
to convince

convenir
to convene

convertir
to convert

coopérer
to cooperate

coordonner
to coordinate

copier
to copy

correspondre
to correspond

corriger
to correct

corrompre
to corrupt

coucher
to put to bed

coudre
to sew

couler
to flow, run

couper
to cut

courber
to bend, bow

courir
to run

couronner
to crown, award

coûter
to cost

couvrir
to cover

cracher
to spit

craindre
to fear

craquer
to creak, crack

créditer
to credit

créer
to create

creuser
to hollow, dig

crever
to burst; to wear out

crier
to shout

crisper
to tense; to get on s.o.'s nerves

critiquer
to criticize

crocheter
to crochet

croire
to believe

croiser
to fold; to cross, pass

croître
to grow

croquer
to bite into, crunch; to squander

cueillir
to gather

cuire
to cook

cuisiner
to cook

cultiver
to cultivate

cumuler
to do two things at once

daigner
to deign, condescend

danser
to dance

dater
to date (from), be outdated

déballer
to unpack; to let out

débarquer
to unload; to land; to fire

débarrasser
to clear, rid (s.o.) of

débattre
to debate

déborder
to overflow, stick out

débrouiller
to untangle, sort out

décerner
to give, award

décevoir
to disappoint

décharger
to unload, unburden

déchirer
to rip

décider
to decide

déclarer
to declare, announce

déclore
to reopen

décoiffer
to muss, to take one's hat off

déconfire
to be beaten

découdre
to unpick

découper
to cut, carve

décourager
to discourage

découvrir
to discover

décrire
to describe

décrocher
to pick up (phone)

décroître
to decrease

dédier
to dedicate

dédire (se)
to retract

déduire
to deduce

défaillir
to faint

défaire
to undo

défendre
to defend

défier
to challenge

défiler
to parade; to unwind

définir
to define

dégager
to free

dégoûter
to disgust

déguiser
to disguise

déguster
to taste, sample, savor

déjeuner
to have lunch

délibérer
to deliberate

délivrer
to set free; to rid; to deliver

demander
to ask

déménager
to move

demeurer
to live, stay

démolir
to demolish

démontrer
to demonstrate, prove

dénoncer
to denounce

dénoter
to indicate, denote

départir
to accord

dépasser
to pass, exceed, surpass

dépêcher
to hurry

dépeindre
to depict

dépendre
to depend

dépenser
to spend

déplacer
to move, displace

déplaire
to displease

déposer
to put down; to deposit

dépouiller
to peruse; to skin, strip

déprécier
to depreciate; to belittle

déprimer
to depress

déranger
to disturb

déraper
to skid, slip, soar

dérober
to steal; to hide, conceal

dérouler
to unwind, unroll

descendre
to descend

désespérer
to drive to despair

déshabiller
to undress (s.o.)

désigner
to point out; to designate

désirer
to desire

désobéir
to disobey

désoler
to distress, sadden

dessiner
to draw

détacher
to untie, undo; to detach

déteindre
to bleach

détendre
to release, loosen

détenir
to hold

déterminer
to determine

détester
to hate

détourner
to divert

détruire
to destroy

dévaloriser
to reduce the value of

devancer
to do s.t. ahead of s.o.

développer
to develop

devenir
to become

dévêtir
to undress

deviner
to guess

devoir
to have to

dévorer
to devour

dicter
to dictate

différer
to differ

digérer
to digest

diminuer
to diminish

dîner
to have dinner

dire
to say

diriger
to direct

discourir
to discourse

discuter
to discuss

disjoindre
to disconnect

disparaître
to disappear

disperser
to scatter, disperse

disposer
to arrange; to dispose

disputer
to fight, dispute

disséminer
to disseminate

dissiper
to dissipate

dissoudre
to dissolve

dissuader
to dissuade

distinguer
to distinguish

distraire
to distract; to entertain

distribuer
to distribute

diviser
to divide

divorcer
to divorce

dominer
to dominate

dompter
to tame, subdue

donner
to give

dorer
to gild; to sweeten (fig)

dormir
to sleep

doubler
to pass

doucher
to shower s.o.

douer
to endow s.o. with

douter
to doubt

dresser
to stand up, raise; to write (a list)

durer
to last

ébranler
to shake; to weaken, compromise

écarter
to move apart, spread open

échanger
to exchange

échapper
to escape

échouer
to fail

éclaircir
to lighten, brighten; to thin

éclairer
to light, shine; to clarify

éclater
to explode; to break out

éclore
to hatch

éconduire
to dismiss

écouler
to sell

écouter
to listen

écrire
to write

effacer
to erase

effectuer
to carry out, make happen

effrayer
to frighten

égaler
to equal, be equal to

égarer
to mislead, mislay

égayer
to entertain

élargir
to widen, stretch

électrifier
to electrify

élever
to raise

élider
to elide

élire
to elect

éloigner
to move away

embarquer
to embark, load; (fam) to steal

embarrasser
to hinder, bother

embrasser
to kiss, embrace

émigrer
to emigrate

emménager
to move (to)

emmener
to take

émoudre
to sharpen

emparer (s')
to seize, grab

empêcher
to prevent

employer
to employ, use

emporter
to take

empreindre
to imprint

empresser (s')
to bustle around

emprunter
to borrow

encadrer
to frame; to train

enclore
to enclose

encourager
to encourage

encourir
to incur

endommager
to damage

endormir
to put to sleep

enduire
to coat

énerver
to irritate, annoy; to overexcite

enfermer
to shut/lock in, imprison

enfoncer
to thrust/stick/drive in

enfreindre
to infringe

enfuir (s')
to run away

engager
to bind

engloutir
to gobble, wolf down; to engulf

enjoindre
to enjoin

enlever
to remove

ennuyer
to bore

énoncer
to express, state

enquérir (s')
to inquire

enregistrer
to register

enrichir
to enrich

enseigner
to teach

ensuivre (s')
to ensue

entendre
to hear

enterrer
to bury

entourer
to surround; to rally around

entraîner
to drag; to lead; to cause

entreprendre
to undertake

entrer
to enter

entretenir
to look after

entrevoir
to glimpse

entrouvrir
to half-open

énumérer
to enumerate

envahir
to invade

envelopper
to envelop

envier
to envy

envoler
to take flight

envoyer
to send

épargner
to spare

épeler
to spell

épicer
to spice

épier
to spy on; to watch closely

épouser
to marry

épreindre
to juice

éprouver
to test; to feel

épuiser
to exhaust, tire out

équivaloir
to equal

errer
to wander, roam

espérer
to hope

espionner
to spy on

esquisser
to sketch, outline

essayer
to try

essuyer
to wipe

estimer
to appraise, assess; to esteem

établir
to establish

étaler
to spread, strew

éteindre
to extinguish

étendre
to stretch

éternuer
to sneeze

étonner
to astonish

étouffer
to suffocate, smother, choke

étourdir
to stun, daze

être
to be

étreindre
to embrace

étudier
to study

évaluer
to evaluate

évanouir (s')
to faint

éveiller
to arouse, awaken, kindle

éviter
to avoid

exagérer
to exaggerate

examiner
to examine

exciter
to arouse, excite; to intensify

exclure
to exclude

excuser
to excuse

exécuter
to carry out, execute

exercer
to exercise (control), exert

exiger
to demand

exister
to exist

expliquer
to explain

exploiter
to exploit; to farm; to run

exposer
to display, exhibit, show; to state

exprimer
to express

fabriquer
to manufacture, fabricate

fabuler
to make up stories

fâcher
to get angry

faciliter
to facilitate

façonner
to fashion, shape

faillir
to lack

faire
to make, do

falloir
to be necessary

falsifier
to falsify

farder
to put on make up; to dress up

fatiguer
to fatigue, tire

faucher
to reap, mow; to flatten

favoriser
to favor

feindre
to feign

féliciter
to congratulate

fendre
to split, crack

fermer
to close

fesser
to spank

feuilleter
to leaf through

fier
to depend on

figurer
to represent, appear

filer
to spin (out), extend; to shadow

filtrer
to filter, screen

finir
to finish

fixer
to fix, fasten; to set (a date)

flamber
to burn, blaze

flâner
to stroll; to lounge around

flatter
to flatter

flirter
to flirt; to date

flotter
to float, flutter

foncer
to charge; to darken; (inf) to rush

fonder
to found

fondre
to melt

forcer
to force

forger
to forge, form

former
to train; to develop; to form

fortifier
to fortify, strengthen

fouetter
to whip, lash

fouiller
to dig deeply

fouiner
to snoop

fournir
to furnish, provide

fourrer
to stuff, fill

foutre (slang)
to do, give, put

franchir
to cross, get over, overcome

frapper
to knock

frémir
to shudder

fréquenter
to go to, frequent

frire
to fry

friser
to curl

frissonner
to quake, tremble, shudder

frotter
to rub, scrape

fructifier
to bear fruit, be productive

fuir
to flee

fumer
to smoke

fuser
to gush, burst forth

gâcher
to waste, spoil; to temper, mix

gagner
to win, earn

garantir
to guarantee

garder
to keep

garer
to park

garnir
to equip; to fill, stock; to garnish

gaspiller
to waste

gâter
to spoil

geindre
to groan

geler
to freeze

gémir
to moan, groan, creak

gêner
to bother

gercer
to chap, crack

gérer
to manage

gésir
to lie down

glacer
to chill, freeze

glisser
to slide, slip

gonfler
to inflate, swell

goûter
to taste

gouverner
to govern

grandir
to grow

gratter
to scratch, grate

grêler
to hail

grelotter
to shiver

grimper
to climb

grincer
to grate, creak

grogner
to grumble, moan

gronder
to scold

grossir
to gain weight

grouper
to group, pool

guérir
to cure

guetter
to watch; to threaten

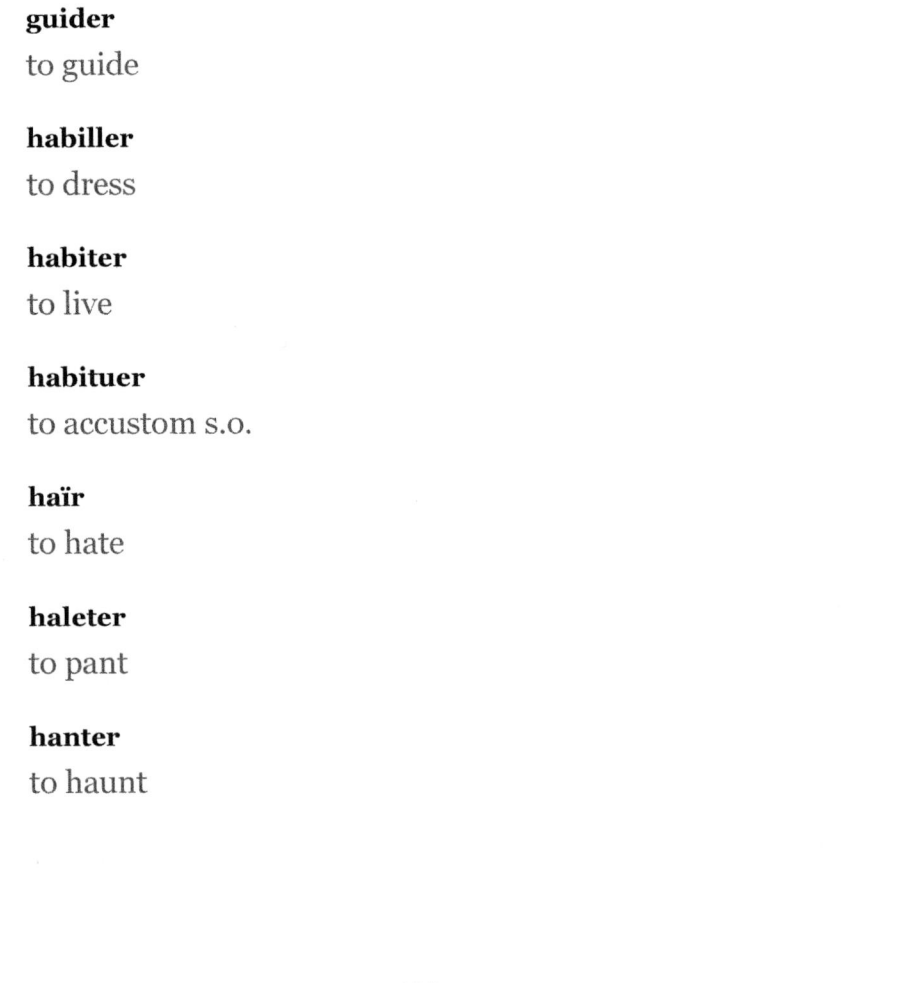

guider
to guide

habiller
to dress

habiter
to live

habituer
to accustom s.o.

haïr
to hate

haleter
to pant

hanter
to haunt

harceler
to harass

hasarder
to risk, hazard; to gamble

hâter
to hasten

hausser
to raise

hériter
to inherit, get

hésiter
to hesitate

heurter
to hit, strike; to offend

honorer
to honor; to be a credit to

hoqueter
to hiccup

humilier
to humiliate

hurler
to scream, shriek

identifier
to identify

ignorer
to be unaware of

illuminer
to light up, illuminate

illustrer
to illustrate

imaginer
to imagine

imiter
to imitate

immigrer
to immigrate

impliquer
to imply; to implicate

implorer
to implore

importer
to matter

imposer
to impose

impressionner
to impress

imprimer
to print

inciter
to encourage, prompt, incite

incliner
to tilt; to be inclined to

inclure
to include

incorporer
to incorporate

indiquer
to indicate

induire
to mislead

infecter
to infect

inférer
to infer

infliger
to inflict

influencer
to influence

informer
to inform

initier
to initiate

inonder
to flood

inquiéter
to worry

inscrire
to write down

insinuer
to insinuate

insister
to insist

inspecter
to inspect

inspirer
to inspire

installer
to set up, get settled

instruire
to instruct

insulter
to insult

interdire
to forbid

intéresser
to interest

interpréter
to interpret

interroger
to interrogate

interrompre
to interrupt

intervenir
to intervene

intimider
to intimidate

introduire
to introduce

invalider
to invalidate

inventer
to invent

inviter
to invite

irriter
to irritate

isoler
to isolate; to insulate

jaillir
to spurt out

jalonner
to line, stretch along

jardiner
to garden

jaser
to chatter

jaunir
to turn yellow

jeter
to throw

jeûner
to fast

joindre
to join

jouer
to play

jouir
to enjoy

juger
to judge

jurer
to swear, vow

justifier
to justify

kidnapper
to kidnap

klaxonner
to honk

labourer
to plow, dig

lâcher
to loosen

laisser
to leave

lamenter (se)
to lament

lancer
to throw

laver
to wash

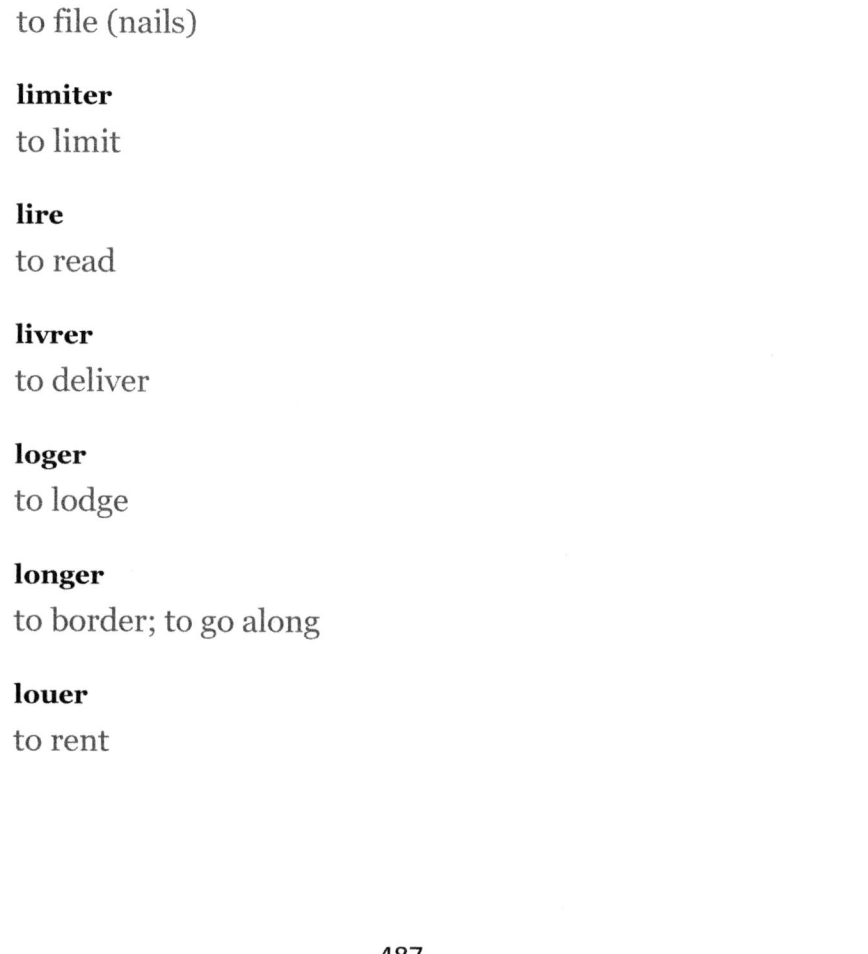

lécher
to lick

lever
to lift

lier
to bind, link

limer
to file (nails)

limiter
to limit

lire
to read

livrer
to deliver

loger
to lodge

longer
to border; to go along

louer
to rent

luire
to shine

lutter
to struggle, wrestle

mâcher
to chew

maigrir
to lose weight

maintenir
to maintain

malmener
to manhandle, be rough

maltraiter
to mistreat

mandater
to appoint, commission

manger
to eat

manier
to handle; to use

manifester
to show, indicate

manipuler
to manipulate

manquer
to miss

maquiller
to put make-up on s.o.

marchander
to bargain, haggle

marcher
to walk, to function

marier
to marry

marquer
to mark, indicate

mastiquer
to chew; to putty

méconnaître
to be unaware of

médire
to malign

méditer
to meditate

méfier (se)
to mistrust

mélanger
to mix

mêler
to mix, mingle, muddle

menacer
to threaten

ménager
to handle carefully

mendier
to beg for

mener
to lead

mentionner
to mention

mentir
to lie

méprendre
to mistake

mépriser
to scorn

mériter
to merit

mesurer
to measure

mettre
to put

meubler
to furnish

mirer (se)
to look at oneself

modérer
to moderate

moderniser
to modernize

modifier
to modify

moduler
to modulate, inflect, adjust

moissonner
to harvest, reap

monter
to climb

montrer
to show

moquer (se)
to mock

mordre
to bite

moucher
to blow s.o.'s nose

moudre
to mill, grind

mouiller
to wet

mourir
to die

multiplier
to multiply

munir
to provide, fit, equip

murmurer
to murmur

mystifier
to mystify

nager
to swim

naître
to be born

narrer
to narrate

naviguer
to navigate

négliger
to neglect

négocier
to negotiate

neiger
to snow

nettoyer
to clean

neutraliser
to neutralize

nier
to deny

noircir
to blacken

noliser
to charter

nommer
to name

noter
to write down

notifier
to notify

nouer
to tie, knot

nourrir
to feed

noyer
to drown

nuire
to harm

obéir
to obey

obliger
to oblige

obscurcir
to darken, obscure

observer
to observe

obstiner (s')
to insist, be obstinate

obtenir
to obtain

obvier
to take precautions

occlure
to occlude

occuper
to occupy

octroyer
to grant, bestow

offenser
to offend

officier
to officiate

offrir
to offer

oindre
to anoint

omettre
to omit

opérer
to operate

opposer
to oppose

opprimer
to oppress

opter
to opt, choose

ordonner
to arrange, organize

organiser
to organize

orienter
to orient; to position

orner
to decorate, adorn

oser
to dare

ôter
to remove, take away

oublier
to forget

outrepasser
to exceed, surpass

ouvrir
to open

pacifier
to pacify

pâlir
to become pale, fade

paraître
to seem

parcourir
to cover, travel

pardonner
to forgive

parer
to prepare for; to fend off

parfumer
to perfume, scent

parier
to bet, wager

parler
to talk

partager
to share

participer
to participate

partir
to leave

parvenir
to reach

passer
to spend (time)

patiner
to skate

payer
to pay

pécher
to sin

pêcher
to fish

pédaler
to pedal; (inf) to hurry

peigner
to comb

peindre
to paint

peler
to peel

pencher
to tilt, slope

pendre
to hang

pénétrer
to enter

penser
to think

percer
to pierce

percevoir
to perceive

percher
to perch; (fam) to hang out

perdre
to lose

perfectionner
to perfect

perforer
to perforate

périr
to perish

permettre
to permit

perpétrer
to perpetrate

persister
to persist

personnifier
to personify

persuader
to persuade

peser
to weigh

photocopier
to photocopy

photographier
to photograph

piéger
to trap

piger
(fam) to get it, understand

piloter
to pilot, fly; to run, manage

pincer
to pinch; to grip

piquer
to sting, bite; to give a shot

placer
to put

plaindre
to pity

plaire
to please

plaisanter
to joke

planter
to plant

pleurer
to cry

pleuvoir
to rain

plier
to fold, bend

plonger
to dive

polir
to polish

pondre
to lay (an egg)

porter
to wear

poser
to put

posséder
to possess

pourrir
to rot, spoil

poursuivre
to pursue

pousser
to push

pouvoir
to be able

pratiquer
to practice

précéder
to precede

prêcher
to preach

précipiter
to precipitate

préciser
to specify, clarify

prédire
to predict

préférer
to prefer

prendre
to take

préoccuper
to preoccupy

préparer
to prepare

prescrire
to prescribe

présenter
to introduce

préserver
to preserve

présider
to preside over, chair

pressentir
to have a premonition

presser
to squeeze

prétendre
to claim

prêter
to loan

prévaloir
to prevail, overcome (literary)

prévenir
to prevent

prévoir
to foresee

prier
to pray

priver
to deprive

procéder
to proceed; to behave

procurer
to procure

produire
to produce

profiter
to make the most of

progresser
to progress; to increase

projeter
to project

prolonger
to prolong, extend

promener
to walk

promettre
to promise

prononcer
to pronounce

proposer
to suggest, propose

proscrire
to prohibit

prospérer
to prosper

protéger
to protect

protester
to protest

prouver
to prove

provenir
to come from, be due to

provoquer
to provoke

publier
to publish

puer
to stink

punir
to punish

qualifier
to qualify

quérir
to summon

quitter
to leave

raccommoder
to mend, repair

raccourcir
to shorten

raccrocher
to hang up; to solicit

raconter
to tell, recount

rafraîchir
to chill, freshen, refresh

rager
to fume

raisonner
to reason, argue

ralentir
to slow down, slacken

ramasser
to pick up, gather

ramener
to take back

ramer
to row (boat)

ranger
to arrange

rappeler
to recall

rapporter
to bring again/back

rapprocher
to bring together

raser
to shave (s.o.)

rassembler
to gather, assemble

rassurer
to reassure

rater
to miss

rationner
to ration

rattraper
to recapture; to recover

ravager
to ravage, devastate

ravir
to delight

rayer
to line, rule; to scratch out/off

réaliser
to achieve, fulfill; to realize

recevoir
to receive

réchauffer
to reheat; to warm up

rechercher
to look for, seek

réciter
to recite

réclamer
to ask for; to complain

récolter
to harvest; to collect, gather

recommander
to recommend

récompenser
to reward

réconcilier
to reconcile

reconduire
to renew

reconnaître
to recognize

reconstruire
to rebuild

recoudre
to sew back on

recourir
to run again

recouvrir
to recover

récrire
to rewrite

rectifier
to rectify

recueillir
to collect, gather

reculer
to move back/away

rédiger
to write

redire
to repeat

redormir
to sleep some more

redoubler
to increase, intensify

redouter
to dread, fear

redresser
to straighten; to set right

réduire
to reduce

réélire
to re-elect

refaire
to redo

référer
to refer

refermer
to close (again)

réfléchir
to think

refléter
to reflect

refroidir
to cool

réfugier
to take refuge

refuser
to refuse

regarder
to look at, watch

régler
to settle, sort out; to regulate

régner
to reign

regretter
to regret

rejeter
to reject

rejoindre
to meet, rejoin

réjouir
to delight, gladden, thrill

relever
to stand up (again); to raise

relier
to join, link, bind

relire
to reread

reluire
to shine

remarquer
to notice

remercier
to thank

remettre
to put back (on)

remmener
to take back/again

remonter
to go back up, rise again

remoudre
to regrind

remplacer
to replace

remplir
to fill

remporter
to take again/back

remuer
to move, twitch

rencontrer
to meet

rendormir
to put back to sleep

rendre
to give back

renfermer
to hold, contain

renoncer
to renounce

renouveler
to renew

renseigner
to inform

rentrer
to return home

renverser
to knock over, overcome

renvoyer
to dismiss

répandre
to spread, spill

reparaître
to reappear

réparer
to repair

repartir
to restart, set off again

repasser
to iron; to pass again

repeindre
to repaint

repentir (se)
to repent

répéter
to repeat

répliquer
to reply

répondre
to answer

reposer
to rest

repousser
to reject, push away

reprendre
to take again, to recover

représenter
to represent

réprimander
to reprimand

reprocher
to criticize

reproduire
to reproduce

répudier
to repudiate

réserver
to reserve

résigner (se)
to resign o.s.

résister
to resist

résonner
to resonate, reverberate

résoudre
to resolve

respecter
to respect

respirer
to breathe; to exude

ressembler
to resemble

ressentir
to feel

rester
to stay

restreindre
to restrict

résulter
to result

résumer
to summarize

rétablir
to re-establish

rétamer (fam)
to wear out

retarder
to delay; to set back

reteindre
to dye again

retenir
to retain

retirer
to remove, take off/out

retomber
to fall again

retourner
to return

retrouver
to find (again)

réunir
to reunite

réussir
to succeed

réveiller
to wake up

révéler
to reveal

revenir
to come back

rêver
to dream

reverser
to pour more; to pay back

revêtir
to put on

revivre
to relive

revoir
to see again

rire
to laugh

risquer
to risk

rompre
to break

ronfler
to snore, hum, roar

ronger
to gnaw at, eat into; to sap

rougir
to redden, blush

rouler
to roll, to drive (a car)

rouvrir
to reopen

ruiner
to ruin

sacrifier
to sacrifice

saigner
to bleed

saillir
to protrude

saisir
to seize

salir
to soil

saluer
to greet, salute

sangler
to strap, girth

sangloter
to sob

satisfaire
to satisfy

sauter
to jump

sauver
to save, rescue

savoir
to know

sécher
to dry

secouer
to shake

secourir
to help

séduire
to seduce

séjourner
to sojourn

sélectionner
to select

sembler
to seem

semer
to sow, spread

sentir
to feel, smell

séparer
to separate

serrer
to grasp, squeeze

servir
to serve

siffler
to whistle

signaler
to signal

signer
to sign

signifier
to signify, mean

simplifier
to simplify

simuler
to simulate

skier
to ski

soigner
to take care of, treat

songer
to dream

sonner
to ring

sortir
to go out

souffler
to blow, pant

souffrir
to suffer

souhaiter
to wish

souiller
to soil

soûler (inf)
to make drunk; to tire

soulever
to lift, raise

souligner
to underline, stress

soumettre
to submit

soupçonner
to suspect

souper
to have dinner

soupirer
to sigh

sourire
to smile

souscrire
to subscribe

soutenir
to support

souvenir (se)
to remember

spécifier
to specify

stationner
to park

stimuler
to stimulate

subir
to undergo

substituer
to substitute

subvenir
to provide for

succéder
to succeed

sucer
to suck

suffire
to suffice

suggérer
to suggest

suivre
to follow

supplier
to beg

supporter
to support, endure

supposer
to suppose, assume

supprimer
to delete; to suppress

surgir
to appear suddenly; to arise

surprendre
to surprise

surveiller
to watch, supervise

survenir
to occur

survivre
to survive

survoler
to fly over

suspendre
to hang, suspend

tacher
to stain, spot

tâcher
to try, endeavor

taire (se)
to be quiet

taper
to type; to knock; to beat

taquiner
to tease

tarder
to delay, take a long time

teindre
to dye

téléphoner
to call

témoigner
to testify; to show

tendre
to strain, strive

tenir
to hold

tenter
to try

terminer
to end

tester
to test

tirer
to pull

tisser
to weave

tolérer
to tolerate, put up with

tomber
to fall

tondre
to shear, mow

tonner
to thunder

toquer
to knock

tordre
to twist

toucher
to affect

tourner
to turn

tousser
to cough

tracasser
to worry, bother

tracer
to draw

traduire
to translate

trahir
to betray

traîner
to pull, drag

traiter
to treat, to negotiate

transcrire
to transcribe

transférer
to transfer

transformer
to transform

transmettre
to transmit

transparaître
to show through

travailler
to work

traverser
to cross

tressaillir
to shudder

tresser
to braid, plait; to twist

tricher
to trick, cheat

tromper
to deceive, mislead

trouver
to find

tuer
to kill

tutoyer
to use "tu"

ululer
to hoot, screach

unifier
to unify

unir
to unite

urger (inf)
to be urgent

user
to wear out

utiliser
to use

vaciller
to sway, wobble, waver

vaincre
to defeat

valider
to validate, authenticate

valoir
to be worth

valoriser
to develop; to value

vanter
to praise

varier
to vary

veiller
to stay up

vendre
to sell

venger
to avenge

venir
to come

verdir
to turn green

vérifier
to verify

verser
to pour

vêtir
to clothe

vexer
to upset, anger, offend

vider
to empty, drain

vieillir
to age

viser
to aim

visiter
to visit

vivre
to live

voiler
to veil

voir
to see

voler
to steal, fly

vomir
to vomit

voter
to vote

vouloir
to want

vouvoyer
to use "vous"

voyager
to travel

warranter
to warrant

zébrer
to stripe

zézayer
to lisp

zoner
to zone

Extra FREE Bonus material:
100 most used French words

1.	être	to be; being
2.	avoir	to have
3.	je	I
4.	de	of, from, by, than, in, with
5.	ne	not
6.	pas	not; step, pace
7.	le	the; him, it (refering to a masculine singular noun)
8.	la	the; her, it (refering to a feminine singular noun)
9.	tu	you
10.	vous	you, yourself
11.	il	he, it
12.	et	and
13.	à	in, to, with
14.	un	a, an; one (used before a masculine singular noun)
15.	--- l'	the (used instead of "le" or "la" before nouns that begin with a vowel)
16.	qui	who, whom; that, which
17.	aller	to go
18.	les	the; them (referring to a plural noun)
19.	en	in, into, to, as
20.	ça	this, that

21.	faire	to do, make
22.	tout	all, everything, any; very, quite
23.	on	we, you
24.	que	that; what; which
25.	ce	this, that
26.	une	a, an; one (used before a feminine singular noun)
27.	mes	my (used before plural nouns)
28. ---	d'	of, from, by, than, in, with (used before a vowel or mute h)
29.	pour	for
30.	se	himself, herself, themselves
31.	des	some (used before a plural noun)
32.	dire	to say, tell
33.	pouvoir	can, to be able to
34.	vouloir	to want
35.	mais	but
36.	me	me, myself
37.	nous	we, us
38.	dans	in, into
39.	elle	she, it (refers to a feminine singular noun)
40.	savoir	to know
41.	du	(de + le/les) = of the, from the
42.	où	where, that
43. ---	y	it, there
44. ---	t'	you, yourself (shortened form used before a vowel)
45.	bien	well, very; good
46.	voir	to see

47.	plus	more
48.	non	no
49.	te	you, yourself
50.	mon	my (used before a masculine singular noun)
51.	au	at the, to the, in the (contraction of à + le; used with a singular masculine noun)
52.	avec	with
53.	moi	I, me
54.	si	yes; if; so, such
55.	quoi	what (exclamatory, interrogative, after preposition)
56.	devoir	to have to, must; duty, test
57.	oui	yes
58.	ils	they (refers to a group of masculine or mixed masculine/feminine nouns)
59.	comme	as, like; how, same
60.	s'	himself, herself, themselves (variation of "se" used before a word starting with a vowel or mute h)
61.	venir	to come, occur
62.	sur	on, upon; over (preposition); sour (adjective)
63.	toi	you
64.	ici	here
65.	rien	nothing
66.	lui	he, him, it, her
67.	bon	good, right, kind; good!; voucher; then
68.	là	there, here, then
69.	suivre	to follow

70.	pourquoi	why
71.	parler	to speak, talk
72.	prendre	to take, get
73.	cette	this, that (feminine singular)
74.	quand	when, whenever
75.	alors	then; so; hence
76.	une chose	thing, matter
77.	par	per, by, through, out of
78.	son	his, her, its (possessive adjective); sound (noun - le son)
79.	croire	to believe, think
80.	aimer	to love, like, be fond of
81.	falloir	it is necessary, must, have to
82.	comment	how; what
83.	très	very
84.	ou	or; either... or
85.	passer	to pass, go by, cross
86.	penser	to think
87.	aussi	also, too
88.	jamais	never
89.	attendre	to wait for, expect
90.	trouver	to find
91.	laisser	to leave
92.	petit	small, little, young (adjective); kid, child (masculine noun)
93.	merci	thanks, thank you
94.	même	same; even, so much as, as
95.	sa	his, her, its (feminine)

96.	ta	your (feminine)
97.	autre	other, another, different (singular)
98.	arriver	to arrive
99.	ces	these, those (plural form of masculine "ce" and feminine "cette")
100.	donner	to give, give away

Printed in Great Britain
by Amazon